韶关市地方性法规导读与释义系列丛书

陈　曦◎主　编

《韶关市野外用火管理条例》
导读与释义

刘佩韦◎著

中国政法大学出版社

2020·北京

图书在版编目（CIP）数据

《韶关市野外用火管理条例》导读与释义/刘佩韦著. —北京：中国政法大学出版社，2020.6
ISBN 978-7-5620-7373-4

Ⅰ.①韶… Ⅱ.①刘… Ⅲ.①野外－防火－安全管理－条例－注释－韶关
Ⅳ.①D927.653.214.5

中国版本图书馆CIP数据核字(2020)第106855号

出 版 者	中国政法大学出版社
地　　址	北京市海淀区西土城路 25 号
邮寄地址	北京 100088 信箱 8034 分箱　邮编 100088
网　　址	http://www.cuplpress.com (网络实名：中国政法大学出版社)
电　　话	010-58908586(编辑部) 58908334(邮购部)
编辑邮箱	zhengfadch@126.com
承　　印	北京九州迅驰传媒文化有限公司
开　　本	720mm×960mm　　1/16
印　　张	13
字　　数	200 千字
版　　次	2020 年 6 月第 1 版
印　　次	2020 年 6 月第 1 次印刷
定　　价	56.00 元

"韶关市地方性法规导读与释义系列丛书"编委会

主　任　邓小杰

副主任　杨小明　张　平　林　岚　梁韶灵
　　　　周伟源　陈　曦　高振忠

主　编　陈　曦

副主编　周正祥　韩登池

编　委　（姓氏笔画为序）
　　　　王少敬　李　铖　李　芳（女）　杨日葵　陈小雄
　　　　陈　军　陈玉英（女）　林家坚　谢建忠　雷群安

本书涉及的规范性文件全简称对照表

全称	简称
中华人民共和国宪法	宪法
中华人民共和国地方各级人民代表大会和地方各级人民政府组织法	地方组织法
中华人民共和国行政处罚法	行政处罚法
中华人民共和国立法法	立法法
中华人民共和国森林法	森林法
中华人民共和国消防法	消防法
中华人民共和国大气污染防治法	大气污染防治法
中华人民共和国刑法	刑法
中华人民共和国环境保护法	环境保护法
中华人民共和国治安管理处罚法	治安管理处罚法
中华人民共和国道路交通安全法	道路交通安全法
中华人民共和国民事诉讼法	民事诉讼法
中华人民共和国刑事诉讼法	刑事诉讼法
中华人民共和国突发事件应对法	突发事件应对法
中华人民共和国安全生产法	安全生产法
中华人民共和国村民委员会组织法	村民委员会组织法
中华人民共和国侵权责任法	侵权责任法
中华人民共和国城市居民委员会组织法	城市居民委员会组织法
中华人民共和国担保法	担保法
中华人民共和国物权法	物权法

2015 年 5 月 27 日，广东省第十二届人大常委会第十七次会议通过了《关于确定佛山、韶关、梅州、惠州、东莞、中山、江门、湛江、潮州市人民代表大会及其常务委员会开始制定地方性法规的时间的决定》，这是《立法法》修改后，我省首批授予设区的市地方立法权。这意味着自 2015 年 5 月 28 日起，韶关市人大及其常委会可以在"城乡建设与管理、环境保护、历史文化保护"等三大领域开始制定地方性法规。拥有地方立法权，为从法制层面解决我市城乡建设与管理、环境保护、历史文化保护等热点难点问题提供了保障，将更有利于促进经济社会在法治的轨道上快速发展。

韶关市人大常委会为了顺利开展地方立法工作，加强地方立法理论研究，与韶关学院研究协商，成立"韶关市地方立法研究中心"，并于 2015 年 5 月 29 日，在韶关学院正式揭牌。建立地方立法研究中心，为推动我市地方立法工作，加强地方立法理论研究和实践，提供了强有力的智力支持，对科学立法、民主立法，提高立法水平和质量具有重要的现实意义。

同时，2015 年 8 月，市十二届人大常委会成立了立法咨询专家库，从本市 3965 名具有法律背景的人才中聘请了 27 名立法咨询专家，2017

年4月，新一届人大常委会在原来的基础上对立法咨询专家进行了调整，保留了部分上一届立法咨询专家，新增了城乡建设与管理、环境保护、历史文化保护等领域方面的专家和韶关市拔尖人才库中的部分专家以及语言类专家等，使新一届的立法咨询专家增至48名；同时聘请了在我省高校中长期从事地方立法研究的5名专家学者为立法顾问。强有力的立法咨询专家队伍以及立法顾问团队，成为我市民主立法、科学立法的重要智力支撑。

在市委、市人大常委会的领导下，特别是在省人大法工委领导和专家的全力指导和帮助下，通过市政府、市人大法委、市人大常委会法工委、立法顾问、立法咨询专家的共同努力，我市首部地方性法规《韶关市制定地方性法规条例》于2016年4月5日正式实施，"小立法法"的实施必将成为韶关市制定地方性法规的基石。首部地方实体性法规《韶关市烟花爆竹燃放安全管理条例》，经广东省第十二届人民代表大会第二十九次常务委员会会议批准，于2017年1月1日起正式实施，这是韶关市制定地方实体性法规的良好开端。

在今后的立法工作中，市人大常委会将按照"党委领导、人大主导、政府依托、各方参与"的总要求科学立法、民主立法，进一步完善立法工作制度，提高立法队伍的整体素质，制定更多"有特色""可执行""管用""接地气"的地方性法规，不断地推动我市地方立法工作向前发展，为韶关的振兴发展做出贡献。

在社会实践中，"徒法不能以自行"，良好的地方性法规并不意味着能够自动地得到有效实施，法律法规的实施，需要执法部门公正执法，需要司法部门正确用法，更需要广大市民自觉守法。要想广大市民自觉守法，首先必须让市民读懂法律法规条文，地方性法规毕竟是专业立法活动的产物，在所涉及的法律用语、专业词汇、文本结构、立法意图等方面，具有较强的专业性。可能会给一些市民准确理解法规的具体内容、立法主旨及法规精神等带来一定的难度，不利于广大市民在理解、领会法规的基础上，做到知法、懂法、守法。

因此，市人大常委会认为，有必要吸纳市人大常委会立法工作者、法律实务工作者和韶关学院政法学院的专家学者，编纂《韶关市地方性法规导读与释义》丛书，对我市出台的地方性法规进行导读性释义工作，方便社会各界人士理解把握，达到自觉知法守法用法之目的，也为今后我市法规的修改、释义备存资料。

"普法""懂法""守法"是本系列丛书的宗旨，是为序。

"韶关市地方性法规导读与释义"编委会　陈　曦

2017 年 9 月 30 日

一、《韶关市野外用火管理条例》立法背景

立法背景是理解具体立法的起因、任务、制度构造、价值考量等内容的关键。《韶关市野外用火管理条例》（以下简称《管理条例》）的立法背景主要有以下几个方面：

（一）坚持并贯彻问题导向原则，发挥立法的引领和推动作用

早在 2013 年 2 月 23 日，习近平总书记在中央政治局第四次集体学习时指出：要发挥立法的引领和推动作用，使法律准确地反映社会发展要求，更好地协调利益关系。[1]法律是治国之重器，良法是善治之前提。党的十八届四中全会进一步指出："建设中国特色社会主义法治体系，必须坚持立法先行，发挥立法的引领和推动作用，抓住提高立法质量这个关键。"[2]要恪守以民为本、立法为民理念，贯彻社会主义核心价值观，

---

　　[1] 参见"习近平在中共中央政治局第四次集体学习时强调　依法治国依法执政依法行政　共同推进　法治国家法治政府法治社会一体建设"，载《人民日报》2013 年 2 月 25 日。

　　[2] 参见"中国共产党第十八届中央委员会第四次全体会议公报"，载《人民日报》2014 年 10 月 24 日。

使每一项立法都符合宪法精神，反映人民意志，得到人民拥护。地方立法既是国家法律的具体化，也是地方事务的法制化。[1]地方性立法必须遵循的一个重要的指示方针就是坚持以问题为导向，采取有针对性地立法。就粤北山区而言，目前需要通过地方立法解决的问题是：保护森林等生态资源、保护环境，解决农民焚烧秸秆等野外用火行为所导致的森林火灾和大气污染等问题。

森林对于一个国家或者一个地区来说，是极为宝贵的资源。森林既有直接的经济价值，也有重要的生态价值。[2]它除了给人类提供林木、动植物资源之外，还有净化、杀菌、供氧、消声、滞尘、涵养水源以及保持水土等作用。可见，森林对于一个城市来讲，其重要性是不言而喻的。最近十几年来，随着人们环境保护意识逐渐增强，对森林资源、生态环境保护的重视与日俱增。无论是政府还是民众都认识到了森林保护的重要性和紧迫性。韶关市委市政府历来就非常重视森林资源的保护工作，多年以来，一直把森林资源的保护作为重点工作。

森林火灾是一种严重威胁人类社会的灾难。它对森林、森林生态系统和人类带来一定危害和损失。森林火灾是一种突发性强、破坏性大、处置救助较为困难的自然灾害。第一，森林火灾最直接的危害是烧死或烧伤林木。这样导致森林蓄积下降，同时也使森林生长受到严重影响。森林是生长周期较长的可再生资源，遭受火灾后，森林的恢复需要很长的时间。特别是高强度大面积森林火灾之后，森林很难恢复原状，最终成为荒草地，甚至变成裸地。能恢复的仅仅是低价林或灌丛。第二，森林火灾烧毁林下植物资源。森林里蕴藏着丰富的野生植物资源，森林大火会烧毁这些珍贵的野生植物，或者由于火后，改变其生存环境，使其数量显著减少，甚至使某些种类灭绝。第三，森林是各种珍禽异兽的家

---

[1]　参见石佑启、朱最新主编：《广东地方立法蓝皮书——广东省地方立法年度观察报告（2017）》，广东教育出版社2018年版，前言第1页。

[2]　于浩："森林法修订草案首审，'一补一惩'受关注"，载《中国人大》2019年第14期，第33页。

园。森林遭受火灾后，会破坏野生动物赖以生存的环境，有时甚至直接烧死、烧伤野生动物。由于火灾等原因而造成的森林破坏，使我国不少野生动物种类已经处于灭绝或处于濒危状态。第四，引起水土流失。森林具有涵养水源，保持水土的作用。据测算，每公顷林地比无林地能多蓄水30立方米。三千公顷森林的蓄水量相当于一座100万立方米的小型水库。因此，森林有"绿色水库"之美称。此外，森林树木的枝叶及林床（地被物层）的机械作用，大大减缓雨水对地表的冲击力；林地表面海绵状的枯枝落叶层不仅具有缓冲雨水冲击作用，而且能大量吸收水分；加之，森林庞大的根系对土壤的固定作用，使得林地很少发生水土流失现象。然而，当森林火灾过后，森林的这种功能会显著减弱，严重时甚至会消失。因此，严重的森林火灾不仅能引起水土流失，还会引起山洪暴发、泥石流等自然灾害。第五，使下游河流水质下降。森林多分布在山区，山高坡陡，一旦遭受火灾，林地土壤侵蚀、流失要比平原严重得多。大量的泥沙会被带到下游的河流或湖泊之中，引起河流淤积，并导致河水中养分的变化，使水的质量显著下降。河流水质的变化会严重影响鱼类等水生生物的生存。颗粒细小的泥沙会使鱼卵窒息，抑制鱼苗发育；河水流量的增加，加之泥沙混浊，会使鱼卵遭到破坏。此外，火烧后的黑色物质（灰分等）大量吸收太阳能，使得下游河流水温升高，千万鱼类容易染病。特别是喜欢在冷水中生存的鱼类，火烧后常常大量死亡。[1]第六，引起空气污染。森林燃烧会产生大量的烟雾，其主要成分为二氧化碳和水蒸气，这两种物质约占所有烟雾成分的90%~95%；另外，森林燃烧还会产生一氧化碳、碳氢化合物、碳化物、氮氧化物及微粒物质，约占5%~10%。除了水蒸气以外，所有其他物质的含量超过某一限度时都会造成空气污染，危害人类身体健康及野生动物的生存。欧盟委员会在2007年8月2日统计显示，自当年6月底希腊和塞浦路斯发出森林火

---

〔1〕 青岛社区·崂山论坛 http://club.qingdaonews.com/showAnnounce_ 173_ 3867493_ 1_ 0.htm，访问日期：2019年3月27日。

灾预警通报后，南欧地区的林火预警日益密集。到 7 月下半月，保加利亚、希腊、意大利和克罗地亚的森林火情骤然严重。卫星图像显示，仅这 4 个国家被毁林地面积就达 2229 平方公里。据统计，截止到刚刚进入森林火灾高发期的 7 月份，欧盟境内 2007 年已有 3376 平方公里的林地被烧毁，接近 2006 年全年 3585 平方公里的被烧毁林地总面积。[1]第七，威胁人民生命财产安全。森林火灾常造成人员伤亡。全世界每年由于森林火灾导致千余人死亡。2009 年 2 月，澳大利亚东南部地区发生严重的野火灾害，大火导致 273 人丧生。1999-2012 年 3 月森林火灾中伤亡人数约占我国伤亡总人数的 33.7%。[2]此外，森林火灾还会给人民财产带来危害。林区的工厂、房屋、桥梁、铁路、输电线路、畜牧、粮食等常常受到森林火灾的威胁。例如：2008 年 6 月 9 日，挪威南部发生严重森林火灾，持续数日的大火烧毁了 4000 多公顷林木。2009 年 7 月 31 日，西班牙度假胜地拉帕尔马岛遭遇森林大火，造成至少 2000 公顷森林被烧毁，约 4000 人被疏散。2009 年 8 月 21 日，希腊首都雅典北部山林发生特大森林火灾。这次火灾造成的过火面积已超过 4.86 万公顷。[3]

　　就近几年情况来看，韶关本地发生的森林大火，造成了人员伤亡，森林资源损失，对韶关的经济和社会发展产生了重大影响。特别是，每年清明节以及秋冬时节，天气干燥，因野外用火而引发的火灾及伤人事故频频发生。2017 年春节前后，韶关市新丰县因农民野外随意用火引发了森林火灾，火灾造成一人死亡，多人受伤，并导致大片森林焚毁和其他经济损失。韶关市委市政府对此高度重视，多次召开专门会议研讨此事，并指示：尽快制定地方性法规加强韶关的森林保护工作。

---

　　[1]　森林火灾_ 专题，载 http://info.fire.hc360.com/zt/forest/index.shtml，访问日期：2019 年 3 月 7 日。

　　[2]　李仲秋、王明玉、赵凤君："近年来世界森林大火概述"，载《森林防火》2015 年第 1 期。

　　[3]　森林火灾_ 专题，载 http://info.fire.hc360.com/zt/forest/index.shtml，访问日期：2019 年 3 月 7 日。

除了森林火灾的威胁外，农耕时节，农民在田间地头烧田基草、秸秆所产生的烟尘既污染空气，又影响交通安全。秸秆中的难降解物质主要为木质纤维素类物质包括纤维素、半纤维素和木质素等，由于木质纤维素类物质分子量高，且具有相对稳定的分子结构，在自然环境中很难降解。目前由于技术缺乏造成秸秆资源利用乏力进而导致严重的环境压力，秸秆处置问题是我国乃至世界都面临的难题。

大部分秸秆由于耕作者在实际生产中赶农时、抢播种的原因，处理方式主要为就地集中焚烧，在东北等地区其主要是被用作冬季取暖的燃料。秸秆燃烧会产生大量烟雾和细微灰尘，其中包含苯并芘、二噁英等有害致癌物质，会严重影响空气质量，进而威胁人体健康。[1]

韶关是一个较为重要的交通枢纽城市。"控扼五岭，韶为要冲"，水陆交通纵横交错，是国家铁路一级枢纽与全国 179 个国家公路运输枢纽城市（广东省共有 10 个）之一，已形成以"三铁五高两航"（武广高铁、京广铁路、韶赣铁路；京港澳高速、韶赣高速、乐广高速、武深高速以及环城高速；北江航道、丹霞航空站）为主骨架的综合交通网。近年来，韶关市不断加强交通基础设施建设，完成韶关丹霞山机场项目前期工作，争取建成粤北第一个机场。贯穿韶关市南北方向的有 107 国道、106 国道、248 省道等重要交通线路。秸秆焚烧产生的主要危害有：

1. 引发交通事故，影响道路交通和航空安全。焚烧秸秆形成的烟尘，弥漫空中，造成空气能见度大幅下降，可见范围大大降低，直接影响民用航空飞机的飞行以及高速铁路、高速公路上车辆的正常行驶，容易引发交通事故，影响人身安全，造成人员伤亡和财产损失。

2. 引发火灾。秸秆焚烧，极易引燃周围的易燃物，导致"火烧连营"，韶关山脉相连，森林成片，一旦引发森林大火，往往极难控制，会造成重大经济损失。

---

〔1〕 孙丽娜等："秸秆的微生物处理处置及强化技术研究进展"，载《沈阳大学学报（自然科学版）》2018 年第 3 期，第 188～190 页。

3. 破坏土壤结构，造成农田质量下降。秸秆焚烧也会入地三分，地表下的微生物被烧死，腐殖质、有机质被矿化。田间焚烧秸秆破坏了这套生物系统的平衡，改变了土壤的物理性状，加重了土壤板结，破坏了地力，加剧了干旱，农作物的生长因而受到影响。

4. 污染空气，产生大量有毒有害物质，影响空气质量，威胁人与其他生物体的健康。

《管理条例》从立项、调研、起草等整个过程都始终紧紧把握住了地方立法工作的问题导向原则，积极贯彻了问题导向原则的精神。把解决地方治理中的突出问题作为立法工作的出发点和归宿。立实法、干实事，不做无用功，不摆虚架子。所立之法，能够真正地派上用场，能管用，能在地方治理过程中发挥法律的作用，把法律调整的领域和社会关系纳入法治轨道，形成良好的法治氛围和秩序。这才是地方立法的意义和价值所在。因此，《管理条例》的地方立法工作折射了韶关市地方立法工作在新时期、新领域上所面临的新情况、新问题，既遵循立法的科学规律，又以与时俱进的科学态度，积极回应新时期对地方立法的特殊需求，其出台非常及时，迎合了时代发展的需要。

（二）政策背景

韶关位于粤北山区，是一座典型的山城，呈现出城在山中，山在城中的特点。2017年9月27日，广东省时任省委书记胡春华主持召开省委常委会议，审议并原则通过了《建设粤北生态特别保护区工作方案》，会议强调要始终坚持绿色发展理念，高标准推进粤北生态特别保护区建设，集中力量在韶关、清远打造连片的、规模较大的生态保护区，不断增强水源涵养、生物多样性保护等功能，筑牢粤北生态屏障。

高标准规划建设粤北特别生态保护区既是广东省委赋予韶关市的政治任务，更是当前韶关市推进生态文明建设的一个有力抓手。这一决策对韶关市来说，是一个重大利好和重大战略支撑。

这一工作正在紧锣密鼓进行中：韶关市政府成立了工作领导小组，

市发改局牵头制定了《韶关市建设粤北生态特别保护区前期工作方案》，会同林业、住管、相关县（市、区）开展了摸底调查、搬迁成本测算等工作，同时还开展了完善省级财政转移支付、区域生态补偿体制、基础设施投融资体制和基本公共服务均等化和考核政策等方面的政策研究。2018 年 8 月，广东省发改委就《粤北生态特别保护区范围划定及建设实施方案》发文征求意见。2018 年 10 月，广东省林业厅就《粤北生态特别保护区总体规划（2019-2028 年）》发文征求意见，韶关市在范围划定、产业发展、生态补偿、搬迁安置、基本公共服务、考核机制、保障措施等提出了诉求和建议。

在粤北生态特别保护区范围划定方面，韶关市在现有自然保护地、水源保护区和不适宜开发建设的 25 度以上坡地的区域中，着重保护南岭生物多样性，体现水源涵养功能，在韶关境内选择集中连片、人口分布、生产设施和建设活动较少的南岭-南水片和大峡谷-罗坑片划入粤北生态特别保护区建议范围，总面积 1007.95 平方公里。下一步，韶关市将以建设粤北生态特别保护区为契机，争取广东省在转移支付、生态补偿、对口帮扶机制、基本公共服务均等化等方面能更多支持韶关市；继续加强政策研究，为实现高水平保护和高质量发展相统一提供政策保障。[1]

粤北生态特别保护区的建立，给韶关市的森林和生态保护工作提出了更高的要求。这样要求韶关市委市政府以及社会各界统一思想、统一行动，统筹安排，齐心协力，抓好森林保护和生态资源保护工作，对于野外用火行为要严厉杜绝、严防死守，尽可能地减少森林火灾的发生。这是韶关市重要政治工作和政治任务。

（三）法律背景

2015 年十二届全国人大三次会议表决通过了关于修改《立法法》的决定，增加了赋予"设区的市"立法权的规定，删除了《立法法》原来有关"较大的市"的规定。同年 8 月，全国人大常委会根据《立法法》

---

[1] 参见《韶关日报》2019 年 1 月 9 日。

的修改内容，对《地方组织法》进行了第五次修订，相应地将《地方组织法》中的"较大的市"修改为"设区的市"。2018年《宪法》第五次修订对设区的市的地方立法权作出了规定。至此，设区的市的地方立法权获得了明确的宪法依据。[1]设区的地级市成为地方立法权力主体。韶关市是广东省首批正式获得立法权限的地级市。

　　《宪法》《地方组织法》和《立法法》是设区的市的地方立法权的法律渊源。其中，《宪法》第100条第2款规定，设区的市的人大及其常委会在不与宪法、法律、行政法规和本省、自治区的地方性法规相抵触的前提下，可以制定地方性法规。《地方组织法》第7条和第43条规定设区的市人大及其常委会在不抵触原则下制定地方性法规的立法权，即设区的市人大及其常委会在不与上位法相抵触的前提下，可以制定和颁布地方性法规。《地方组织法》第60条规定设区的市人民政府在"根据"原则下制定地方政府规章的立法权，即设区的市的人民政府可以根据上位法制定规章。《立法法》规定设区的市的地方立法权限的条款主要有第72条、第73条、第76条、第77条和第82条，其中第72条和第82条分别规定了设区的市的地方立法权限范围；第73条规定了设区的市人大及其常委会可以制定的地方性法规的三种类型，即城乡建设与管理、环境保护、历史文化保护；第76条、第77条规定了地方性法规中专属于地方人大的立法权。《管理条例》其内容是规范野外用火行为；其目的是，预防森林火灾，保障人民生命财产安全，保护生态环境，完全符合《宪法》和《立法法》赋予的设区的市的地方立法权限范围。[2]

　　韶关市的生态文明建设是责任担当，韶关市是广东省森林资源最丰富的地区之一，森林覆盖率超过75%，居全省之首。韶关市是广东的"北大门"，也是珠三角重要的生态屏障。韶关市的生态文明建设是一种

―――――――――

　　[1]　马竞遥："设区的市地方立法权限的实践问题"，载《地方立法研究》2019年第5期，第119页。

　　[2]　马竞遥："设区的市地方立法权限的实践问题"，载《地方立法研究》2019年第5期，第119页。

责任担当，也是广东珠三角的生态屏障，因此，韶关市的森林防火工作非常重要，任务又十分艰巨。最近一年多来，韶关市发生了多起森林火灾，造成森林资源焚毁、财产损失和人员伤亡，对人民群众的生产生活产生了重大影响。引起森林火灾原因有多种，其中野外用火是引发森林火灾的主要原因。而农民在田野焚烧秸秆、田基草等农作物茎秆以及清明祭祀等民俗活动是最容易导致森林火灾的两大类野外用火行为。虽然，我国目前在中央立法层面上已制定《森林法》和《森林防火条例》；地方立法方面，广东省人大常委会已颁布《广东省森林防火条例》，在森林防火区的用火行为已经有相应的法律法规进行规范。城市、城镇和农村居民生活区也有《消防法》和《广东省实施〈中华人民共和国消防法〉办法》等法律法规对用火行为和预防火灾进行规范。但是，在森林防火区之外，远离城乡居民生活区的广阔区域，即农业生产区，目前还没有专门针对野外用火行为进行规范和调整的法律法规。在这一领域，全国范围内尚属立法空白。因此坚持和贯彻问题导向原则，通过地方立法分类管理和规范森林防火区、农业生产区以及城乡居民生活区的野外用火行为，预防和减少森林火灾，加大森林防火力度，保障人民生命财产安全，防治大气污染，保护韶关生态环境，建设粤北生态特别保护区是十分必要的。

（四）经济背景

至 2015 年末，韶关市全市户籍人口 330.21 万人，其中城镇人口 149.02 万人。常住人口 293.15 万人，韶关市区常住人口接近 100 万人。韶关地形以山地丘陵为主，河谷盆地分布其中，平原、台地面积约占 20%。地势北高南低。韶关是全国重点林区，广东用材林、水源林和重点毛竹基地，被誉为华南生物基因库和珠江三角洲的生态屏障；韶关市地处粤北山区，地域宽广，土地面积位于广东省第二位，森林覆盖率高达 75%。韶关地形地貌以山地丘陵为主，河谷盆地分布其中。此外，韶关市矿产和生态资源比较丰富、齐全，且多数储量较大，分布较广。品牌众多，如具有"世界地质公园"之称的丹霞山，佛教禅宗六祖慧能弘扬"南禅宗法"发祥地南华寺、天然的南岭国家森林公园、千年圣水之曹溪温泉、美丽的大峡谷、惊险刺激的九泷十八滩、南雄市珠玑巷、梅关古道、曲江马坝人遗址、始兴县的车八岭自然保护区。韶关地区这些独特人文地貌构成了其不同于其他地区独特的具体情况，需要符合韶关地区经济社会发展实践的野外用火管理法规出台。《管理条例》正是在这种背景下，为了适应韶关市具体情况和实际需要应运而生。《立法法》为韶关市地方立法机关立法权提供了法律上权源。旅游业是韶关市的主要经济支柱，生态旅游又是旅游中重中之重。韶关市有丰富的森林资源和生态资源。[1]是南方重点集体林区，广东的林业大市，拥有丰富的森林资源和独特的森林生态系统，素有"南岭生物基因库"和"珠江三角洲生态屏障"之称。全市有林地面积1911万亩，森林覆盖率75%，森林蓄积量8966万立方米。截至2018年，全市建成各级林业类自然保护区24个，总面积333万亩，其中国家级3个、省级10个、市级3个、县级8个。分别为：广东南岭国家级自然保护区、广东车八岭国家级自然保护区、广东曲江罗坑国家级自然保护区；广东粤北华南虎省级自然保护区、广东新丰云髻山省级自然保护区、广东乐昌杨东山十二度水省级自然保护区、广东乳源大峡谷省级自然保护区、广东仁化红山高坪省级自然保护区、广东乐昌大瑶山省级自然保护区、广东始兴南山省级自然保护区、广东曲江沙溪省级自然保护区、广东南雄小流坑–青嶂山省级自然保护区、广东翁源青云山省级自然保护区；广东翁源半溪市级自然保护区、广东乳源泉水市级自然保护区、广东新丰鲁古河市级自然保护区；广东乳源大潭河县级自然保护区、广东乳源青溪洞县级自然保护区、广东乳源红豆杉县级自然保护区、广东南雄孔江水源林县级自然保护区、广东始兴将军栋县级自然保护区、广东仁化斯鸡山县级自然保护区、广东南雄丹霞梧桐县级保护区、

---

〔1〕　冯娴慧、张俐俐："韶关市旅游资源系统整合与深度开发的构想"，载《华南理工大学学报（社会科学版）》2008年第1期，第59~60页。

广东南雄观音崟县级保护区。

全市建有森林公园 109 个，总占地面积 130.76 万亩，2013 年前建设了 17 个，2014 年新建森林公园 32 个，2015 年新建森林公园 26 个，2016 年全市新建森林公园 23 个，2017 年新建森林公园 11 个。其中，国家级森林公园 4 个（乳源县 2 个，浈江区 1 个，曲江区 1 个），占地面积 65.832 万亩，省级森林公园 7 个（南雄市 2 个，乐昌市 1 个，仁化县 2 个，翁源县 1 个，始兴县 1 个），占地面积 6.9885 万亩，市级森林公园 8 个（浈江区 2 个，武江区 1 个，南雄市 2 个，翁源县 1 个，曲江区 1 个），占地面积 5.4 万亩，县级森林公园 31 个，占地面积 36.52 万亩，镇级森林公园 59 个，占地面积 16.0238 万亩。

省级以上生态公益林面积 970 万亩，生态公益林占林业用地面积比达 45.6%，其中国家级公益林面积 448.94 万亩、占 46.28%，省级公益林面积 521.06 万亩，占 53.72%；生态公益林中Ⅰ、Ⅱ类林面积占比达 83%。生态公益林主要分布在七县三区生态区位重要的江河两岸、水库周边、交通要道两旁、城镇村庄周围，以及自然保护区和森林公园范围内，涉及 99 个乡镇 1201 个行政村。

全市有 38 个国有林场，按照国有林场改革要求，现整合为 29 个较大林场，27 个国有林场定性为公益一类事业单位，经费按财政补助一类拨付，实行"收支两条线"管理，2 个国有林场定性为公益二类事业单位，其中市属国有林场 6 个，全部定性为公益一类事业单位，经营林地总面积 182.8 万亩，总蓄积 896.28 万立方米，基本完成了国有林场改革任务。全市有 3 个省属国有林场，分别为乐昌林场、天井山林场和乳阳林业局。[1]

韶关市拥有山、水、林、宗教文化、历史文化、民族文化、红色文化等丰富的旅游资源，类型多、品质高、组合好，拥有世界级资源丹霞

---

[1] 来源：韶关市林业局 http://lyj.sg.gov.cn/lygk/201709/t20170907_286947.html，访问日期：2018 年 10 月 10 日。

山、南岭山地森林及南华寺三大国家级资源，以及珠玑巷、云门寺、梅关古道、广东大峡谷、满堂围、丽宫温泉、必背瑶寨、云髻山、云天海原始森林温泉度假村、万时山高山草原等一批潜力资源，是广东旅游大市。

韶关市拥有 4 个国家级森林公园，5 个省级森林公园，1 个国家级风景名胜区，2 个省级风景名胜区，4 个国家级自然保护区，11 个省级自然保护区，1 个世界地质公园，1 个国家地质公园，2 个国家湿地公园，1 个国家水利风景区，1 个 5A 级景区，9 个 4A 级景区，10 个全省林业生态县，9 个全国重点文物保护单位，36 个省级重点文物保护单位。[1]

根据《旅游资源分类、调查与评价》（GB/T18972-2003）标准，韶关市旅游资源涵盖了 8 个主类（100%）、29 个亚类（93.5%）、85 个基本类（54.8%），资源单体共 903 个，韶关市旅游资源数量丰富，种类齐全。

韶关创建国家森林城市建设总体规划顺利通过国家级专家评审。

2019 年 2 月 22 日，韶关市政府在北京组织召开创建国家森林城市建设总体规划专家评审会，邀请国家发改委农村经济司、首都绿委办、北京林业大学，以及国家林业和草原局森林城市研究中心、速丰办、调查规划设计院等单位的专家进行评审，一致同意通过该规划。国家林业和草原局生态保护修复司副司长马大轶、广东省林业局副巡视员林俊钦、韶关市政府副市长李欣等领导出席了会议。韶关市在 2018-2027 年，将实施森林生态、森林服务、森林产业、森林生态文化、森林支撑等 5 大体系，建设 23 项工程，投入 75.29 亿元，力争在 2021 年获得"国家森林城市"荣誉称号。并通过十年的努力，全面深化森林城市建设，提升城市森林质量，创造优的人居环境，满足人民群众日益增长的优良生态环境需要。[2]因此，发展韶关市的生态资源旅游业，对于韶关这个山区

----

〔1〕 "2017 年韶关市旅游工作情况汇报的说明文件之一——韶关市资源概况"，载 http:// www.doc88.com/p-7734946305492.html，访问日期：2020 年 4 月 20 日。

〔2〕 "韶关创建国家森林城市建设总体规划顺利通过国家级专家评审"，载 http:// www.gd.chinanews.com/2019/2019-02-89/21401981.shtml，访问日期：2019 年 2 月 23 日。

城市来讲具有十分重要的现实意义。

(五) 立法目的

法律目的是法律的灵魂,立法究竟要解决什么问题,要达到什么目的,必须明确,这是法的灵魂。"预防森林火灾,防止大气污染,保障人民生命财产安全,保护生态环境",是《管理条例》所要解决的问题及所要达到的总体目标。这也是《管理条例》的法理根据及灵魂所在。没有明确的立法目的,法律制度的设计就会无的放矢,就会因失去准星而杂乱无章。如果缺少第1条对立法目的的明确规定,《管理条例》其他21个条文将因失去法律文本的"统帅"而变得凌乱、堆砌,缺乏系统性。

美国著名法学家罗斯科·庞德认为:"目的之于法律,犹如理性之于法律,是法律的灵魂,是法律活动的主宰。"[1]法律目的在法律研究和实践中头等重要,"长期以来,人们一直认为,有关法律目的——亦即有关社会控制的目的以及为作为社会控制之一种形式的法律秩序的目的——以及从这种法律目的来看法律律令应当是什么的哲学观、政治观、经济观和伦理观,乃是法官、法学家和法律制定者工作中的一个具有头等重要意义的要素"。[2]

《管理条例》开宗明义将其立法目的规定在第1条当中,其具体内容为:"为了规范野外用火行为,预防森林火灾,保障人民生命财产安全,保护生态环境,根据《中华人民共和国大气污染防治法》《中华人民共和国消防法》《森林防火条例》等有关法律法规,结合本市实际,制定本条例。"当然,一部法律的立法目的通常不是唯一的,往往包含多个目的。就《管理条例》第1条来看,立法目的至少有三个层面的要求。其一,规范野外用火行为,预防森林火灾。预防森林火灾是条例最直接最首要的目的。只要森林火灾预防工作做好了,森林火灾零发生,那么其他的

---

〔1〕 〔美〕罗斯科·庞德:《法理学》(第1卷),邓正来译,中国政法大学出版社2004年版,第368页。

〔2〕 〔美〕E. 博登海默:《法理学:法律哲学与法律方法》,邓正来译,中国政法大学出版社2004年版,第109页。

立法目的就能达到。人民生命财产安全就能得到切实保护，经济损失就能避免。其二，保障人民生命财产安全。广大人民生命财产安全是条例的最重要立法目的。立法的最终目的和落脚点是为了保障人民群众的生命财产安全。人的生命高于一切。立法工作也好，执法工作也好，所有的工作的出发点和归宿都应当以保障公民的生命安全和财产安全为重。至于条例为何将保障人民生命财产安全放在预防森林火灾之后，是因为两者存在先后的逻辑关系，故在表述上，预防森林火灾的目的在前，保障人民生命财产安全的目的在后。其三，保护生态环境。对野外用火的立法管理，除了预防森林火灾，保障人民群众生命财产安全的立法目的之外，还有一个重要的立法目的是保护生态环境。生态环境的保护愈来愈受公众的重视，人们的环境保护意识也越来越强。由于野外用火行为的随意性而导致的森林大火必然造成大气污染、生态被毁等恶果。所以，《管理条例》把生态环境保护确立为立法目的之一。总体上看，《管理条例》的立法目的是互相密切联系的，互有因果关系。但是在重要性方面还是有主次轻重之分。保障人民群众的生命财产安全是为首位的，规范野外用火行为，预防森林火灾是前提，也是第二位的目的。第三层次的立法目的是保护生态环境。因此，《管理条例》用地方立法的形式为韶关市的森林保护和经济社会发展保驾护航，为粤北特别生态保护区的建立、保护和发展提供了法治环境和安全环境。

综上所述，《管理条例》的出台，不仅是符合韶关地区经济社会发展的实践需要，是适应广东省委省政府的战略决策要求，是积极推进粤北特别生态保护区工作的表现，也是强化生态环境保护时代的呼唤。因此，将立法目的设定于上述三个方面是合理的，也是恰当的。

（六）人民群众的呼声

地方立法在新的时代条件下，如何深入做好立法工作是一个值得深入研究的课题。习近平总书记强调："人民群众对立法的期盼，已经不是有没有，而是好不好、管用不管用、能不能解决实际问题；不是什么法都能治国，不是什么法都能治好国；越是强调法治，越是要提高立法质量。"[1]作为立法工作者，不仅要做到不辱使命，有所作为，而且要在立法中体现以人为本，践行为人民立法。为人民立法，在提高立法质量的同时，也加强了与人民群众的联系，两者相互影响、相互促进。为人民立法，体现立法的人民性，这对于立法机构而言，是机遇，是挑战，也是责任。人民群众的呼声是地方立法的指针，立法权在根本上属于人民，由人民行使。在立法过程中贯彻群众路线，让公众能够通过有效的途径，积极地参与立法，在地方立法过程中表达自己的意愿。一段时间以来，森林火灾和秋冬季节焚烧秸秆造成的人员伤亡、财产损失和环境污染问题，成了韶关市市民抱怨、投诉的重点民生问题。对清明时节的烧香点烛、燃放烟花爆竹所引发的山火问题，群众意见特别大，强烈呼吁加强管理。为此，我们的地方立法必须反映民意，回应民声，关注民情，保护民生，立人民群众需要的法，立人民群众喜爱的法，立人民群众信仰的法。这样的立法才是有生命力的法。这样的立法也才是真正地贯彻了问题导向原则。

二、关于《韶关市野外用火管理条例》的立法合法性问题

韶关市人民代表大会是否有权制定一部涉及野外用火问题的地方性法规呢？这是《管理条例》立法立项之初争议较大的问题，也是困扰立法者的重大合法性问题。地方立法的合法性问题主要涉及三个方面的内容：第一，是否属于设区的市的立法权限；第二，是否符合《立法法》和上位法的规定；第三，是否存在减损公民权利，增设公民义务的规定。

第一，关于立法的权限问题。中共十八届三中全会提出，逐步增加有地方立法权的较大的市数量；十八届四中全会提出，依法赋予设区的市地方立法权。2015年3月15日第十二届全国人民代表大会第三次会议

---

[1] 中共中央文献研究室编：《习近平关于全面依法治国论述摘编》，中央文献出版社2015年版，第43页。

修改《立法法》，将原来享有地方立法权的 49 个较大的市，扩大到所有设区的市，并将立法法中"较大的市"修改为"设区的市"。《立法法》第 72 条第 2 款规定："设区的市的人民代表大会及其常务委员会根据本市的具体情况和实际需要，在不同宪法、法律、行政法规和本省、自治区的地方性法规相抵触的前提下，可以对城乡建设与管理、环境保护、历史文化保护等方面的事项制定地方性法规，法律对设区的市制定地方性法规的事项另有规定的，从其规定。设区的市的地方性法规须报省、自治区的人民代表大会常务委员会批准后施行。省、自治区的人民代表大会常务委员会对报请批准的地方性法规，应当对其合法性进行审查，同宪法、法律、行政法规和本省、自治区的地方性法规不抵触的，应当在四个月内予以批准"；第 73 条第 1、2、3 款规定："地方性法规可以就下列事项作出规定：（一）为执行法律、行政法规的规定，需要根据本行政区域的实际情况作具体规定的事项；（二）属于地方性事务需要制定地方性法规的事项。除本法第八条规定的事项外，其他事项国家尚未制定法律或者行政法规的，省、自治区、直辖市和设区的市、自治州根据本地方的具体情况和实际需要，可以先制定地方性法规。在国家制定的法律或者行政法规生效后，地方性法规同法律或者行政法规相抵触的规定无效，制定机关应当及时予以修改或者废止。设区的市、自治州根据本条第一款、第二款制定地方性法规，限于本法第七十二条第二款规定的事项。"当然，设区的市的地方性法规仍须报省、自治区的人大常委会批准后施行。根据《立法法》这一规定的精神，2016 年 5 月 28 日，广东省第十二届人民代表大会常务委员会第十七次会议决定赋予韶关、佛山、惠州、梅州、湛江、东莞、中山、江门和潮州地方立法权。韶关市有幸成为第一批获得地方立法权的设区的市。自即日起，韶关市可以根据实际客观情况制定与之相适应的地方法规，可以有针对性地解决城乡建设发展、环境保护和历史文化传承领域中的热点难点问题，把地方治理纳入法制轨道，做到依法行政，提升地方竞争力。但是，必须注意到的是：

韶关市作为设区的市，其立法权限是有限的，即局限于三个领域。《管理条例》在立项之初就有专家提出质疑：野外用火管理既不属于城乡建设和管理又不属于环境保护更不属于历史文化保护。制定这一部法律超越了设区的市的立法权限范围。对此，我们认为：《立法法》所指的：城乡建设与管理是一个内涵较宽泛的概念，城乡建设和管理涉及面很广，城乡规划、公共设施建设，以及包括城乡公共事业、公共设施和公共事务管理三个方面的市政管理[1]城市建设分居住建筑、公共建筑、市政公用设施三部分的内容。

（1）居住建筑。居住建筑是指供人们日常居住生活使用的建筑物。包括：住宅、别墅、宿舍、公寓。现代居住建筑类型多样，"户"或"套"是组成各类住宅的基本单位。住宅建筑按组合方式可分为独户住宅和多户住宅两类。按层数可分为低层、多层、中高层建筑、高层住宅。按居住者的类别可分为一般住宅、高级住宅、青年公寓、老年人住宅、集体宿舍、伤残人住宅等。根据不同结构、材料、施工方法，也有按主体结构的不同特征将住宅分为砖混住宅、砌块住宅、大板住宅等多种类型。

（2）公共建筑。公共建筑包含办公建筑（包括写字楼、政府部门办公室等），商业建筑（如商场、金融建筑等），旅游建筑（如酒店、娱乐场所等），科教文卫建筑（包括文化、教育、科研、医疗、卫生、体育建筑等），通信建筑（如邮电、通讯、广播用房）以及交通运输类建筑（如机场、高铁站、火车站、汽车站等）。

（3）市政公用设施包括给水、排水、污水处理、防洪、供电、通信、广播电视、电话、煤气、热力、道路、桥梁涵洞、市内公共交通、园林绿化、环境卫生、消防、路标、路灯等。

乡村建设在内容上少于城市建设，但随着新农村建设的普及和开展，

---

[1] 李小萍："对设区市立法权限之'城乡建设与管理'的界定"，载《法学论坛》2017年第3期，第44~50页。

其建设内容也会越来越多。至于城乡管理，其内容更是庞杂，基本上涵盖了城市建设的方方面面。从城乡建设的内容上看，森林防火、城区消防等也是属于城乡建设和管理的基本内容。由于，韶关市是一个山区城市，大凡涉及森林资源保护、城乡消防等都可以视为建设管理目标。因此，制定一部野外用火管理条例，加强对野外用火的管理，其实就是建设韶关城市和乡村，美化韶关城市和乡村，同时也是管理韶关城市和乡村。由此可见，制定《管理条例》是《立法法》授予设区的市的立法权限之一。

另外，从立法目的来看，制定《管理条例》主要目的是依法管住野外用火，禁止焚烧秸秆，保护森林和生态资源，保护大气，进而保护韶关的自然环境。毫无疑问，这是属于设区的市所享有的在环境保护方面的立法权。

综上所述，韶关市作为设区的市，可以制定野外用火管理条例，因为，这部地方性法规的立法内容既有城乡建设管理事务又有环境保护事项。

关于《管理条例》立法权限问题，我们有必要弄清当前我国一般地方立法的范围。"地方立法的范围涉及的问题有：（1）有关地方立法可以立和不能立什么形式的法；（2）有关地方可以或不能就哪些事项立法；（3）地方立法与中央立法和地方行政的界限如何确定、各种类别和层状的地方立法之间的界限如何确定，明确地方立法的范围，才能明确地方立法的形式和地方立法调整、规范的对象和领域。"〔1〕只有把这些问题解决，权限清晰，才能避免出现这几种关系时要么互相争权、越权，事无巨细都想包揽；要么互相依赖推脱，立法懈怠，立法不作为，都不去解决的情况。实践中由地方立法范围不清带来的结果，更多地是一方越权或侵权。这些年来，许多地方已认识到某些事项应由立法调整，但不知是应当由法律、行政法规调整还是应当由本地的地方性法规、政府规章

---

〔1〕　周旺生：《立法学教程》，北京大学出版社 2006 年版，第 314 页。

或自治条例、单行条例调整，举步跨踏，贻误法制事业。许多应该地方性法规或自治条例、单行条例调整的事项，往往由政府以行政规章调整。不少人认为地方政府搞的规章就是地方性法规。政府对许多应当由地方立法解决的重大事项，不是提请权力机关以立法方式解决，而是自行解决，或是请示党委由党委解决或由党委和政府联名行文解决。[1]人大及其常委会内部在地方立法上各自权限范围也不明确或不能遵守。这种状况严重阻碍着中国地方立法大局的发展。实际上是缺乏法治思维和法治理念，仍然是政策治理。转变这种状况，必须在理论和实践的结合上，认真解决中国地方立法的范围问题，要在《立法法》上明确设区的市的立法具体范围。

第二，关于是否有《立法法》和上位法依据的问题。《管理条例》在起草工作之初，有立法工作者提出：对野外用火立法的，全国目前是空白，省（自治区、直辖市）、地级市、设区的市也没有，我们是创造性的立法，这部法假如立的好，也是我们韶关的特色。如果立的不好，把关不严，可能会有问题存在，可能也会受到上级的批评。两种可能都会存在，所以对立法的合法性必须认真的探讨、论证。我们要认真考虑是否有上位法支撑，国家没有出台这方面具体的法律，这里面的法律依据《大气污染防治法》和《森林法》里面都没有涉及野外用火，只有《广东省森林防火条例》和国家《森林防火条例》这方面有所规定，一方面法律依据比较欠缺，另一方面全国没有法律支撑。所以风险比较大，可能需要进一步研究和探讨。

第二个意见就是法律依据。还有法制工作者认为，《管理条例》第1条中《大气污染防治法》和《森林法》没有必要写，这两个都没涉及野外用火的内容，应该把《广东省森林防火条例》写上去，因为这里面的大多数内容都是以《森林防火条例》和《广东省森林防火条例》为依据的，应该把《广东省森林防火条例》列进去作为法律依据。

---

[1] 周旺生：《立法学教程》，北京大学出版社2006年版，第314页。

　　制定《管理条例》的目的主要是规范管理野外用火行为，保护森林和生态环境，防治大气污染。《管理条例》的立法内容属于环境保护及城乡建设与管理的事项。因此，制定该条例属于设区的市的立法权限范围，符合《立法法》的相关规定。《管理条例》在条文内容上，从实际出发，结合本市实际，把《森林法》《森林防火条例》和《广东省森林防火条例》的相关规定进行具体化、细化，力争每一个条文都有上位法的依据。《管理条例》的立法依据主要有《森林法》《消防法》《大气污染防治法》《森林防火条例》《广东省实施〈中华人民共和国消防法〉办法》等法律法规。因此，制定《管理条例》是有充分的上位法依据的。实践中，我们做到了每一个条文基本上都有上位法作依据。

　　第三，关于是否有克减公民权利和增设公民义务的问题。《管理条例》初稿研讨时，有人提出以下疑问：第9、10条关于城镇居住区禁止野外用火行为，还有一个农业生产生活区禁止野外用火行为，这两个区域里面的禁止规定有没损害公民的权利？因为《广东省森林防火条例》第25条规定："在森林防火区，因防治病虫鼠害、冻害、勘察、工程建设等特殊情况确需野外用火的，应当经县级人民政府批准，并按照要求采取防火措施，严防失火。县级人民政府可以委托其林业主管部门或者乡镇人民政府、街道办事处审批野外用火。"据此可见，森林防火区经批准都是可以野外用火的。如果《管理条例》全面禁止所有的野外用火，是否会对公民生活带来一定的影响？如果会带来影响，那就给公民的权利产生限制。另外从执法角度上，这些行为规范能不能执行到位，如果执行不到位，这个规定就不能达到预期目的。我们立法要立良法，要立人民群众能接受的法，立可以执行的法，所以这个问题需要进一步加以研究，以确定其可行性或合法性。

　　草案修改稿在韶关市人大常委会第一次审议阶段，有的常委会组成人员提出条例立法的合法性是否充分，是否存在减损公民权利的问题。我们认为：其一，《宪法》第51条规定：公民行使自由和权利的时候，不得损害国家的、社会的、集体的利益和其他公民的合法的自由和权利。自由的边界是他人的自由和社会公共利益。根据林业部门的调查，农事生产和非农事生产活动中的随意野外用火对森林构成现实威胁，易引发森林火灾，污染大气。对此，有必要通过立法对野外用火行为进行约束和限制。其二，韶关市是一个山区城市，森林覆盖率高，森林防火任务繁重而艰巨。如果不通过立法加强野外用火管理，那么森林火灾会防不胜防，就会给森林资源和人民的生命财产造成不可估量的损失。也会影响省委省政府正在推进的粤北特别生态保护区工作。其三，野外用火是公民的自然权利。但是，随着当前整个社会对生态资源和环境保护意识的不断加强以及依法治国理念的深入人心，过去可以任性而为，现在就应当学会和适应接受法律的约束。例如：传统节日燃放烟花鞭炮本是数千年来的自然权利，但是目前国内有很多城市制定了相关法律限制或禁止燃放烟花鞭炮。而对于韶关市这个具有特殊性的山区城市也非常有必要对野外用火行为进行管理。其四，草案修改稿对野外用火并非采取一刀切的禁绝方式，而是在尊重农事生产和祭祀习俗的前提下，注重引导公众采取合理预防措施，规范野外用火行为。对必需的农事用火行为作了例外安排，留有余地。对于孔明灯这种飘动而无法控制无法拦截的火源，则采取禁止的规定。其五，从法的价值角度而言，无论是形式价值还是目的价值都存在冲突与整合的问题。[1]法的价值冲突可以理解为法的某一价值体现时必然会对法的另一种价值产生抵牾。对此，立法者在遇到法的价值冲突时，应当要对法的价值进行排序并在此基础上进行理性选择。对野外用火行为的禁止，是基于公共利益的需要。毕竟，个人野外用火的自由与森林资源以及人民群众的生命财产安全相比，后者的价值更大，意义更重要。因此，《管理条例》具有合法性，不存在减损公民权利的问题。

---

〔1〕 张文显主编：《法理学》（第3版），法律出版社2011年版，第312~315页。

三、关于野外用火及其相关立法问题

（一）野外用火的分类

1. 野外用火的概念。《管理条例》所称的野外用火是指本市行政区域内除城乡居民生活外的户外用火。野外用火区别于居民生活用火，凡是在室内因生活所需而使用的火都不属于本法所称的野外用火。对于野外用火，其一，空间上，是在居民住所之外的用火，用火地点在野外或室外。其二，时间上，一般是，任何时间都可能发生。而居民的生活用火时间集中在一日三餐这些时间段。其三，性质上，野外用火不是居家生活所需。其四，用火规模可大可小。其五，用火主体不特定，各种主体均可。可以是自然人个人行为，也可以是集体行为；可以是成年人，也可以是未成年人。其六，野外用火的原因可能是烧荒，野炊野餐、农事生产、焚烧废物垃圾、燃放烟花鞭炮、宗教祭祀。凡此种种，不一而足。

2. 野外用火分类。《管理条例》所称的野外用火是指人为用火，那些因雷击、闪电、地震、高压电线短路等自然因素引起的起火不属于野外用火。从不同的角度、不同的标准，野外用火就有不同的划分方法。为了确定法律调整的范围和适用对象，《管理条例》主要把野外用火分为两大类：一个是农事野外用火；另一个是非农事野外用火。那些因传统农业生产必需的用火行为，例如：小规模烧荒、折篾等叫作农事野外用火；除此之外，凡是在户外进行的用火行为都是非农事野外用火行为。例如：野炊野餐用火、燃放烟花爆竹、燃放孔明灯、烧香点烛等。

（二）野外用火的特点

1. 具有一定的危险性。野外用火行为一般发生在旷野地带，不易控制，故容易引发森林火灾。对森林资源和人民群众的生命财产安全构成现实的危险。例如：218年2月6日13时许，韶关市新丰县公安局森林分局新东派出所接到举报电话称：在新丰县马头镇上湾村"塘角岭"山

段发生山火。新丰县公安局森林分局新东派出所民警在第一时间赶到现场发现发生山火的地点在新丰县马头镇上湾村"塘角岭"山段。经了解是连平人余某环在安放其爷爷骨灰时燃烧香烛引发山火。该场火灾造成失火面积 9.298 公顷（139.47）亩。当天经新丰县公安局批准对犯罪嫌疑人余某环刑事拘留。

2. 防范的困难性。野外用火引发森林火灾的扑灭是非常危险而困难，同时，其防范也颇有难度。主要原因是面积广、专业护林人员不够，往往是防不胜防。这也迫使立法者从严立法。不严不足以立法威，不严不足以见法效，不严不足以禁违法。因此，在立法起草阶段产生了立法禁止野外用火行为的空间之争。

四、《韶关市野外用火管理条例》出台经过

《管理条例》的制定过程自始至终都坚持和贯彻了地方立法工作的基本原则和科学立法格局。2015 年 9 月 7 日，全国人大常委会时任委员长张德江同志在地方立法研讨会上明确指出，"要建立健全党委领导、人大主导、各方参与的统筹协调、各司其职、各尽其力、分工合作的立法工作格局，努力形成立法合力，共同推进立法工作"，同时提出了地方立法应当坚持的工作格局和工作方针。2016 年 2 月，中共中央印发的《关于加强党领导立法工作的意见》（中发［2016］10 号）明确指出，要完善党委领导、人大主导、政府依托、各方参与的科学立法工作格局。韶关市委和市人大常委会对《管理条例（草案）》的立法起草工作均非常重视。市委就《管理条例（草案）》的起草工作多次召开专题会议进行研究和部署，并作出了具体指示。2018 年春节之前，韶关市委正式部署《管理条例》的立法工作。为做好《管理条例》的起草、调研、论证等工作，高质量完成法律草案起草工作，根据《韶关市制定地方性法规条例》有关规定，制定了工作实施方案。

（一）组织领导

为加强对该项立法工作的组织领导，顺利完成起草、调研、论证等

工作，成立《管理条例》起草工作领导小组。

其组成人员如下：

组　长：陈　曦（市人大常委会副主任）

副组长：黄其振（市人大常委会副秘书长）

　　　　凌福传（市政府副秘书长）

成　员：巫育明（市人大常委会农工委主任）

　　　　周正祥（市人大法委主任委员、市人大常委会法工委主任）

　　　　罗国华（市法制局局长）

　　　　邹文军（市林业局局长）

　　　　韩登池（韶关学院政法学院院长、市人大法委副主任委员）

领导小组负责工作的组织、指导与监督。领导小组下设办公室，办公室主任由韶关学院法学院院长、市人大法委副主任委员韩登池同志兼任，副主任由市人大常委会法工委副主任谢建忠、市人大常委会农工委副主任李步林、市林业局副局长赵克生同志担任。办公室主要负责立法调研起草等工作，及时向领导小组汇报工作进展情况，做好领导小组交办的其他工作。办公室下设法规起草小组和协调联络小组。具体人员如下：

法规起草小组：负责各类材料的收集、整理，法规起草等工作。

组　长：韩登池（韶关学院政法学院院长、市人大法委副主任委员）

成　员：唐　浩（市人大常委会法工委法规科科长）

　　　　陈尚业（市林业局法规科科长）

　　　　黄履通（市林业局法规科主任科员）

　　　　刘佩韦（韶关学院立法研究基地办公室主任）

　　　　曾琳珊（市人大常委会法工委法规科科员）

　　　　谭丽娟（市法制局法规科科员）

协调联络小组：负责调研、专家论证会组织等工作。

组　长：谢建忠（市人大常委会法工委副主任）

副组长：李步林（市人大常委会农工委副主任）

赵克生（市林业局副局长）

成　员： 华一元（市人大常委会法工委办公室主任）

　　　　　成　幻（市人大常委会法工委办公室职员）

（二）工作步骤及时间安排

1.准备阶段（2018年2月26日—2月28日）。

（1）签订委托起草协议（2018年3月1日前）。由市人大法工委委托韶关学院具体负责《管理条例》的草案稿、条文注释稿、对主要内容的说明以及征求意见的处理情况等具体工作。

（2）立法调研和资料整理（2018年3月1日—3月12日）。由市人大法工委、市法制局、市林业局以及韶关学院，组织《管理条例》起草领导小组成员单位，赴省内外有关地市开展立法调研，考察森林防火立法经验及实施情况。由韶关学院收集前期调研材料，总结外地调研情况，整理有关立法资料（收集资料包括：国内已有的森林防火区野外用火管理立法资料以及这一领域最新的科研成果等），制订工作思路，为《管理条例》的起草做好充分的准备工作。

2.起草阶段（2018年3月13日—3月25日）。

（1）由韶关学院邀请行政、法律等有关方面的专家，结合调研情况，借鉴省内外先进经验，完成《管理条例》的起草及起草说明（包括立法依据、对主要内容的说明以及征求意见的处理情况等）。

（2）完成《管理条例》条文注释，逐条阐述立法依据，并将相关法律法规及政策依据汇编成册。

3.审查修改阶段（2018年3月26日—4月25日）。

（1）征求意见。广泛征求市委市政府市主管领导、立法领导小组各成员单位、政府各级部门、律师事务所等社会各界对《管理条例》的意见和建议，并进一步修改完善。

（2）合法性评估。由韶关学院邀请该领域相关法律专家学者，对《条例》的合法性、科学性、立法效果以及立法技术等进行综合评估、论证。

4. 提请审议阶段（2018 年 4 月底— 8 月 30 日）。

将《管理条例》提交市人大常委会审议。2018 年 4 月底提请初审；6 月，提请二审；8 月三审通过。

（三）工作要求

1. 起草小组要认真领会市委、市人大常委的指示精神，准确把握立法的目的和要求，切实提高立法质量和立法针对性。

2. 分工协作、明确责任、各司其职，确保各自的工作任务得以落实，按时完成。市林业局、韶关学院是本次法规起草工作的主要责任单位，要统筹安排组织做好本次法规的立法起草工作。同时，市林业局要协调市人大法工委，协助做好立法起草工作有关事宜。市财政局要按立法工作的需要，落实好各项工作经费。

3. 深入调研，讲究实效，抓住重点，突破难点，为韶关市制定行之有效的森林防火区野外用火管理办法。

4. 广泛宣传，扩大影响。调研论证要在各机关、部门、企业广泛做好宣传，组织好社会性讨论活动，集思广益，做到充分论证。同时，要加大对调研论证阶段性成果、创新性成果的对外宣传力度，争取社会认同和支持，扩大社会影响力，确保立法起草工作的公开性、科学性和民主性。

五、《韶关市野外用火管理条例》主要内容、特点

（一）《韶关市野外用火管理条例》主要内容

《管理条例》共 22 条，内容涉及立法目的、适用范围、管理原则、管理职责、部门职责、乡镇职责、单位和个人防火职责、普法宣传、森林防火区内禁止行为、城镇居住区内禁止行为、森林防火期限、分区火源防控、祭祀用火管理、秸秆利用、管理责任、森林防火区内违法用火法律责任、农业生产生活区内违法用火法律责任、城镇居住区内违法用火法律责任和一般法律责任等内容。在结构上形成了一个比较完整的规

范、责任体系。

1.《管理条例》首创了农业生产区的野外用火管理制度。《管理条例》首先从性质上和空间上界定了野外用火的概念，划定了农业生产区的范围。其次，草案修改稿从区域上，将野外用火划分为城乡居民生活区、森林防火区和农业生产区三种进行分类管理。最后，明确了三类不同区域的野外用火适用不同法律法规的调整。其中，森林防火区的野外用火执行《森林法》《森林防火条例》《广东省森林防火条例》的规定；城乡居民生活区野外用火执行《消防法》和《广东省消防条例》等的规定，而涉及农业生产区的野外用火则由本条例加以规范。

草案修改稿对野外用火实行分类管理，首创了国内农业生产区野外用火管理制度。这是草案修改稿的立法亮点，是地方立法的创新。野外用火管理这一核心制度呈现：分区管理（森林防火区、农业生产生活区和城镇居住区）—期限管理（防火期、特别防护期和高火险期）—重点管理（孔明灯火源管理、祭祀用火管理）的架构。

2.《管理条例》的基本原则。《管理条例》确立了"属地管理、分级负责、分类指导、综合治理"的原则。强调野外用火要在属地管理基础上实行分级负责，多部门共同参与，相互配合，相互协调，进行综合治理。这样，才能收到成效。

3. 关于禁止焚烧秸秆和田基草等农作物茎秆问题的规定。立法要抓住主要矛盾，解决主要问题，突出重点。从林业部门调研情况来看，韶关市野外用火导致的森林火灾主要是因为农民在田间地头焚烧秸秆和田基草等行为。为此，《管理条例》第11条特别作出规定：禁止焚烧秸秆。农业生产确需烧田基草的，应当符合下列规定：①森林火险等级在三级及以下；②有专人监管用火现场；③用火后彻底清灭余火；④开设防火隔离带；⑤有其他必要的防火措施。

4. 关于秸秆等农作物处置问题的规定。立法应当从实际出发，尊重农业生产客观规律，尊重历史和现实情况，不能简单地一刀切，采取堵疏结合。农民焚烧秸秆、田基草等农作物茎秆既可能诱发森林火灾，又造成大气污染，同时还会影响高速公路交通安全。对此，《管理条例》要立法坚决禁止。对在野外祭祀时随意燃放烟花爆竹等用火行为也要明令禁止。同时，立法又要对此进行疏导、引导。《管理条例》第16条规定：县（市、区）人民政府应当引导农业经营综合利用企业及经营者开展秸秆综合利用，将综合利用的技术、设备、项目纳入资金扶持补助范围。有条件的乡镇设置秸秆收储点。第16条规定：鼓励农业生产者和经营者采用先进技术收集和移除处理田基、荒地草木，避免野外用火行为。第15条规定：鼓励引导公民移风易俗，采用绿色环保文明祭祀方式，减少野外用火行为。《管理条例》既坚持原则，又尊重了民俗习惯，体现了立法的灵活性。

5. 关于政府和各部门的职责的规定。为了落实有关措施，《管理条例》明确了各级人民政府以及政府部门在野外用火管理工作中的责任。规定野外用火管理工作实行各级人民政府行政首长负责制，各级人民政府主要负责人是野外用火管理工作第一责任人，承担主要领导责任。分管负责人是主要责任人，承担直接领导责任。县（市、区）人民政府应当加强对野外用火管理的组织领导，落实责任措施，建立野外用火管理制度和经费保障机制，并将野外用火管理工作纳入目标管理考核范围。林业、农业、环境保护、发展和改革、公安、城乡建设、安全监督管理、交通运输、科技、气象等有关部门应当按照各自职责做好野外用火管理工作。乡镇人民政府应当加强野外用火的监督管理工作，指导、鼓励村（居）民委员会制定村规民约，完善对群众野外用火的管理。做到职责分明、分工合理，有效形成合力，达到综合治理的目的。

6. 关于法律责任。《管理条例》根据违反野外用火管理制度的行为性质和情节，分别适用相应的法律处罚措施。

7. 其他规定。此外，《管理条例》还规定了每年9月1日至次年5月31日为森林特别防护期。森林特别防护期内，农业生产区严禁一切野外用火。

(二)《管理条例》的特点

1. 用立法管住野外用火行为。过去，特别是在每年的清明前后和秋冬季节，韶关市政府在管理野外用火行为方面，也做了大量的工作，投入很多人力物力，颁布了政府规定，但是，这些规范性文件只是政府规章，效力层次较低，不系统。经过多次调研和精心准备后，韶关市委和市人大常委会决定制定一部专门的地方性法规，用以管束野外用火行为，把野外用火的管理纳入法制轨道，做到有法可依，有法必依，执法必严，违法必究。这标志着韶关市依法治市工作的提升，是法治思维的具体体现。

2. 力求《管理条例》的民主性和科学性。《管理条例》起草过程中，彻底改变了过去的闭门造车式的立法工作方式，突破了行政立法或人大机关单一立法格局，确立了以学者专家立法起草为主，充分吸纳了社会各界参与立法活动。《管理条例》的立法起草工作，依托韶关市地方立法研究中心的专家，2018年3月中下旬，韶关市人大常委会法制委员会召开立法研讨和论证会，对草案内容的合法性和具体条文进行全面的论证和修改。之后就初稿再次征求环保局、林业局、农业局、法制局、住建局等部门以及各（县、市、区）人大、森林防火办、立法顾问和立法咨询专家的意见。截至2018年4月20日，收回各部门、各立法顾问和各立法咨询专家的书面意见14份，共计38条。在汇总、整理和吸纳合理建议及意见的基础上，2018年4月23日，韶关市人大常委会法工委在地方立法研究中心召开立法专题研讨会，再次对初稿进行了逐条研讨、增删和修改，最终形成了《韶关市野外用火管理条例（草案稿）》。广泛征求意见和建议，反复修改反复研讨。2018年6月12日广东省人大常委会法工委法规审查指导处邀请了华南师大法学院丛中笑教授、广东省林科院院长李小川、广东省森林防火指挥部专家组专家林寿明等十多名专家以及广东省人大常委会法工委法规审查指导处有关工作人员对草案稿进行了专家论证。

同时，市人大常委会法工委再次向政府各部门以及社会各界征求意见和建议。截至 2018 年 6 月 12 日，收到韶关市法制局、林业局、公安局、民政局、安监局、市场监管局、生态环境局、住房和城乡建设管理局等单位的意见和建议共 9 条。2018 年 6 月 15 日，韶关市人大常委会法工委把上述 9 条意见和建议连同 6 月 12 日专家论证会的意见以及广东省人大常委会法规审查处的指导意见进行了梳理、研究和讨论，在此基础上对草案稿进行相应的修改和调整。《管理条例》的立法起草、研讨和审议完全实现了开门立法和民主立法，尊重了民意，反映了民情，倾听了民声，保证了立法的民主性。

除了发扬民主之外，《管理条例》在制定过程中，还十分注重立法的科学性。此次，《管理条例》立法的科学性主要通过两个方面来保障：第一，依靠地方高校专家学者承担立法起草工作。以韶关市地方立法研究中心的专家担纲立法起草组工作人员，保障立法的专业性。第二，注重深入实际，深入调研。为了加快《管理条例》的立法工作，自 2018 年 3 月 5 日起到 2018 年 3 月 9 日期间，由韶关市人大常委会陈曦副主任率领韶关市法制局、市林业局以及韶关市立法研究中心等单位的相关负责人，组成调研组，通过召开座谈会、研讨会和实地考察等方式对梅州、潮州、汕尾以及惠州四个地级市森林防火和城郊森林公园的生态保护的立法工作进行了广泛的专题调研，择取了广东省森林覆盖率较大和森林防火立法工作较为先进几个地级市，进行调看考察，学习借鉴兄弟市县的立法经验和成熟做法，从而有效推进韶关市在森林防火和城市森林公寓方面的立法工作。调研的具体任务是：发掘和学习其他地市在森林防火立法工作方面的优良做法和成功经验；深入了解《梅州市森林火源管理条例》执行过程中存在问题、对策以及建议；考察汕尾等地市的城郊森林公园生态建设情况；借鉴城郊森林公园在生态保护和修复治理、公园建设、市民休闲健身、公园管理与经营等方面的特色和亮点；同时，探讨各地级市在城乡建设与管理、历史文化保护和环境保护立法方面的措施和制度。

3. 体现了地方性特色。地方立法同其他立法一样，也要坚持实事求是，从实际出发的原则。精准立法、体现本地特色是设区的市行使立法权的正当性基础，立法活动是一个系统工程，既涉及宏观的体制与机制，又体现为微观的各个环节与细节，任何一个环节的不适当均可能影响整部法规的实际效能。[1]根据本行政区域的具体情况和实际需要制定地方性法规，依照当地民族的政治、经济和文化的特点制定自治条例，单行条例，是法律确定的地方立法的基本条件。而坚持实事求是，从实际出发的原则。对地方立法来说，很重要的便是使地方立法体现地方特色。

立法界对地方特色内涵的理解，主要有三种观点：一是地域论。认为地方立法的地方特色，体现在法规调整范围的特定地域性和规范内容的当地独有性。二是针对论。认为地方立法体现地方特色就是要求地方立法反映本地的特殊性，应具有较强的针对性，能够解决本地的实际问题。三是制度论。探索制度设计的创新性和领先性。[2]

本书采取针对论，即认为所谓"体现地方特色"，主要指地方立法能充分反映本地的特殊性。具体地说，就是要求：第一，地方立法能充分反映本地经济、政治、法制、文化、风俗、民情等对立法调整的需求程度，适合本地实际情况；第二，地方立法要有较强的、具体的针对性，注意解决并能解决本地突出的而中央立法没有或不宜解决的问题，把制定地方规范性法律文件同解决本地实际问题结合起来。

地方立法之所以要体现地方特色，是由地方立法的特性决定的。没有地方特色，地方立法就失去其存在的价值。正因为单有中央立法不足以解决地方的特殊问题，不足以反映各地发展不平衡的状况。[3]

---

〔1〕 卢护锋："设区的市立法的精准化路径：基于立法选题的思考"，载《政治与法律》2019 年第 3 期，第 87 页。

〔2〕 涂青林："论地方立法的地方特色原则——以立法法修改后广东立法为例"，载《地方立法研究》2017 年第 6 期，第 40 页。

〔3〕 周旺生：《立法学》，法律出版社 2004 年版，第 305 页。

　　地方立法坚持"体现地方特色"的原则，须秉持问题导向，注重契合实际情况进行精细立法。[1]同时需要注意：第一，防止地方保护主义或本位主义的毛病作祟。第二，消除不必要的照抄，重复法律、行政法规和照抄、转抄外地规范性法律文件的弊病。第三，地方立法的各种形式都有体现特色的问题，虽然自主地方立法的地方特色应当更浓些，但不能仅注意自主性立法的特色，执行性、补充性和其他形式的地方立法也要坚持体现地方特色的原则。第四，既不要抵触，又不要越权。[2]

　　地方立法要尽量避免重复立法，更不能出现与上位法相冲突的现象，应突出在"地方特色"和"可操作性"上下功夫，力求针对性强、明确具体、便于执行，坚持"量力而行"和"少而精"，力求"一事立一法、一法管一事""立小法，立管用的法"；同时要加强立法学人才的培养、优化地方立法人员素质，特别要注意立法技术的提高，在体例、结构与表达上注意规范性与统一性。这不仅是法治中国建设中法制统一性的要求，更是使相关法律制度在地方能得到现实的适用、使上位法落到实处的现实要求。[3]

　　4. 确保《管理条例》的可操作性和质量。进入新时代，人们对于民主、法治、公平等价值追求正在不断增加，而这些都需要通过法治加以实现，为了更好地满足人们日益增长的美好生活需求，必须充分发挥设区的市的立法作用，抓住提高立法质量这个关键，以形成完备、高效、严密的地方法治体系。[4]《管理条例》是在立法调研、专家论证、广泛征集了社会各界的意见与建议基础上、经反复修改、补充、完善之后形成的比较成熟的地方性法规草案，适应韶关市山区城市森林保护工作艰巨

---

〔1〕　郑清贤："设区的市增强地方立法特色研究"，载《地方立法研究》2017年第6期，第76~77页。

〔2〕　周旺生：《立法学》，法律出版社2004年版，第306页。

〔3〕　屈茂辉："我国上位法与下位法内容相关性实证分析"，载《中国法学》2014年第2期，第123~141页。

〔4〕　彭振："设区的市立法抵触问题研究"，载《河北法学》2019年第7期，第149页。

繁重的等方面的实际情况，具有客观可行性。

法律是治国之重器，良法是善治之前提。建设中国特色社会主义法治体系，必须坚持立法先行，发挥立法的引领和推动作用，抓住提高立法质量这个关键。要恪守以民为本、立法为民理念，贯彻社会主义核心价值观，使每一项立法都符合宪法精神，反映人民意志，得到人民拥护。地方立法既是国家法律的具体化，也是地方事务的法制化。[1]

衡量立法质量的唯一标准就是看法律法规是否符合客观规律，符合广大人民群众意愿，解决实际问题，重在管用、重在实施。因此，着力提高立法质量，是当前和今后一个时期立法工作的重中之重。十二届全国人大以来，全国人大常委会把提高立法质量作为新形势下加强和改进立法工作的重中之重，强调努力使制定和修改的法律能够准确体现党的主张和人民意愿，立得住、行得通、真管用，切实增强法律的针对性、及时性、系统性、可执行性。因此，在《管理条例》的立法宗旨中对提高立法质量作出了规定。[2]

5. 确保条文不抵触。"不抵触"是地方立法必须遵守的一项基本原则，也是依法立法的前提所在，这一原则强调地方立法权既是中央立法权的延伸，也是国家立法的重要组成部分。[3]中央和地方立法的关系，可以概括为整体和部分的关系，中央和地方立法都属于国家立法，都具有强制性；但地方立法从属于中央立法，受中央立法的统领。设区的市立法权是一种有限权，极大程度上受到上位法的制约。如果一旦被认定为"抵触"，则面临着更改甚至被撤销的结果。没有明确的抵触判定标准，就会导致地方"避免立法抵触"和"突出地方特色"之间的矛盾；"过于小心"往往不会导致抵触但却没有特色，而突出特色又往往面临"抵

---

〔1〕 参见石佑启、朱最新主编：《广东地方立法蓝皮书——广东省地方立法年度观察报告（2017）》，广东教育出版社 2018 年版，前言第 1 页

〔2〕 喻泽芳：《〈韶关市制定地方性法规条例〉导读与释义》，中国政法大学出版社 2017 年版，第 8 页。

〔3〕 彭振："设区的市立法抵触问题研究"，载《河北法学》2019 年第 7 期，第 144 页。

触"的危险，这也会影响地方立法的积极性。[1]

"不抵触"原则至少应当从三个层面进行理解：

（1）法权不抵触，即地方立法机关不能僭越自身立法权限，超范围开展立法活动。一是地方立法机关不能涉足中央保留的专属立法事项；二是地方性法规不能行使法律和行政法规专享的立法权限；三是"设区的市"不能行使应当由省级享有的地方立法权；四是"设区的市"不能在城乡管理与建设、环境保护、历史文化保护等事项之外制定地方性法规。

（2）法条不抵触，即地方立法既不得违反上位法的具体规定，同一立法位阶的地方性法规也不能彼此矛盾。具体表现在：宪法、法律、行政法规等已有明确规定的，地方立法不得作出相反的规定，或者变相限缩、扩大上位法的既有内容；"设区的市"制定的地方性法规，应当符合所属省级地方立法机关制定的地方性法规，不得背离省级法规确定的调整范围或者调整力度；尽可能做到同一位阶之间相互协调，特别是避免同一立法机关制定的地方性法规在内容上相互矛盾冲突。

（3）法意不抵触，即地方立法不得同上位法的立法目的、立法原则和立法价值相抵触，不得违反上位法立法精神，限制公民、法人和其他组织的权利或者增加其义务。[2]

地方立法同其他立法一样，必须坚持法制统一原则。坚持这一原则就是要做到在不同宪法、法律、行政法规相抵触的前提下制定地方性法规。制定某一地方性法规必须以宪法、法律或行政法规对某一事项已有相关规定为前提，以这种相关规定为根据。另一种观点认为，不相抵触，就是地方性法规不得作出与宪法、法律或行政法规已有的明文规定相冲突出、相矛盾，不一致甚至或相反的规定。[3]法定有权解释的机关是全

---

[1] 彭振："设区的市立法抵触问题研究"，载《河北法学》2019年第7期，第146页。

[2] 牛振宇："地方立法创新空间探析——以'不抵触'原则的解读为视角"，载《地方立法研究》2017年第6期，第55~59页。

[3] 周旺生：《立法学》，法律出版社2004年版，第306页。

国人大常委会。单有宪法、法律、行政法规，不可能解决所有应当由立法解决的问题。从立法本意看，不是要把地方性法规的内容限制在宪法、法律、行政法规的既有内容的范围内。

鉴于上述理由，可以认为，所谓"不同宪法、法律、行政法规相抵触"，一是指"不得与宪法、法律、行政法规相冲突、相违背"。二是不得与宪法、法律、行政法规的具体条文的内容相冲突，相违背（即直接抵触）。[1]

在地方立法层面，则应注意到：属于中央专属立法权方面的事项，地方为便于实施进行细化立法不属于越权；属于中央和地方均可以立法的事项，应当允许地方通过现行立法进行创新。[2]实现设区的市立法不抵触的有效路径是：转换设区的市立法抵触判定模式，明确不抵触的判断标准；发挥地方立法备案审查、立法责任追究的监督作用；契合地方立法需求，用足用好本级立法空间；实现立法有特色和可操作，做到"有突破"但不"冲突"。[3]

地方立法主体在立法过程中，必须结合立法规律和立法实际，进一步提升质量、解决问题、完善机制、整合资源，确立立法抵触的构成要件理论，形成统一的判定标准，以解决地方立法中相抵触和有特色之间的矛盾，不断提高中央和地方的积极性，以应对立法需求同质化与差异化日益复杂交织矛盾以及立法要求不断提高和立法资源相对有限的现实。[4]

---

〔1〕 周旺生：《立法学》，法律出版社 2004 年版，第 307 页。

〔2〕 牛振宇："地方立法创新空间探析——以'不抵触'原则的解读为视角"，载《地方立法研究》2017 年第 6 期，第 61~63 页。

〔3〕 彭振："设区的市立法抵触问题研究"，载《河北法学》2019 年第 7 期，第 149~150 页。

〔4〕 彭振："设区的市立法抵触问题研究"，载《河北法学》2019 年第 7 期，第 151 页。

目录 CONTENTS

《韶关市野外用火管理条例》
立法文本

韶关市第十四届人民代表大会常务委员会

公　告

（第 5 号）

　　韶关市第十四届人民代表大会常务委员会第十七次会议于 2018 年 8 月 15 日表决通过的《韶关市野外用火管理条例》，已经广东省第十三届人民代表大会常务委员会第五次会议于 2018 年 9 月 30 日批准，现予公布，自 2019 年 1 月 1 日起施行。

韶关市人民代表大会常务委员会

2018 年 10 月 16 日

韶关市野外用火管理条例

(2018 年 8 月 15 日韶关市第十四届人民代表大会常务委员会第十七次会议通过 2018 年 9 月 30 日广东省第十三届人民代表大会常务委员会第五次会议批准 自 2019 年 1 月 1 日起施行)

第一条 为了规范野外用火行为，预防森林火灾，保障人民生命财产安全，保护生态环境，根据《中华人民共和国大气污染防治法》《中华人民共和国消防法》《森林防火条例》等有关法律法规，结合本市实际，制定本条例。

第二条 本条例适用于本市行政区域内森林防火区、农业生产生活区、城镇居住区的野外用火管理活动。

本条例所称森林防火区是指林地及距离林地边缘一百米范围内的区域。城镇居住区是指城市和乡镇的建成区居民生活区域。农业生产生活区是指城镇居住区和森林防火区之外的从事农业生产和居民生活的区域。

第三条 野外用火管理实行属地管理、分级负责、分区管控、综合治理的原则。

第四条 野外用火管理工作实行各级人民政府行政首长负责制。各级人民政府主要负责人是野外用火管理工作第一责任人，承担主要领导责任；分管负责人是主要责任人，承担直接领导责任。

各级人民政府应当建立健全森林防火责任追究制度，依法签订森林防火责任书，并将野外用火管理工作纳入目标管理考核范围。

县级以上人民政府应当建立跨区域、跨部门的森林防火联防机制，确定联防区域，制定联防制度和措施，实行信息共享，加强监督检查，共同做好森林防火工作，并将野外用火管理工作经费纳入财政预算。

第五条 林业行政主管部门负责森林防火区的野外用火监督管理。农业行政主管部门负责农业生产生活区野外用火监督管理。市容环境卫生行政主管部门负责城镇居住区的野外用火监督管理。生态环境保护行政主管部门负责因野外用火引起大气污染的环境监测、监督管理与综合防治工作。

发展和改革、公安、应急管理、交通运输、民政、气象等有关部门按照各自职责做好野外用火管理工作。

第六条 乡镇人民政府、街道办事处应当加强野外用火的日常监督管理，按照森林防火责任规定，做好森林防火工作，指导、支持和帮助村民委员会、居民委员会开展群众性的消防工作。

村民委员会、居民委员会应当依法确定消防安全管理人，组织制定防火安全公约，进行防火安全检查。

第七条 森林、林木、林地的经营单位和个人，以及森林防火区内的工矿企业等相关单位，应当根据实际情况配备护林人员，负责其经营范围内的森林防火工作，承担森林防火责任。

第八条 各级人民政府应当开展有关法律法规的宣传教育活动，普及野外用火安全和森林防火专业知识。

新闻、文化、教育、交通、旅游、民政等部门应当做好规范野外用火和森林防火宣传教育工作。广播、电视、报刊、互联网等新闻媒体应当播放或者刊登野外用火管理和森林防火公益广告。

中小学校应当开展野外用火安全和森林防火专题宣传教育。家庭应当加强对未成年人的消防安全教育。

第九条 森林防火区内禁止下列野外用火行为：

（一）上坟烧纸、烧香点烛；

（二）燃放烟花爆竹、孔明灯等；

（三）携带易燃易爆物品；

（四）吸烟、野炊、烧烤、烤火取暖；

（五）烧野蜂、熏蛇鼠、烧山狩猎；

（六）炼山、烧杂、烧灰积肥、烧荒烧炭或者烧秸秆、田基草、果园草等；

（七）其他容易引起森林火灾的用火行为。

第十条 农业生产生活区内禁止下列野外用火行为：

（一）焚烧秸秆、田基草、果园草等；

（二）焚烧垃圾；

（三）烧野蜂、熏蛇鼠等；

（四）其他容易引起火灾和大气污染的用火行为。

确因农业生产需要焚烧秸秆、田基草、果园草等，用火单位或者个人应当提前三天向所在地的村民委员会报告。用火单位或者个人应当指定专人监管用火现场，事先开设防火隔离带，在气象条件为森林火险等级三级及以下用火；用火结束后，应当检查清理火场，确保明火和火星彻底熄灭，严防失火。

第十一条 城镇居住区内禁止下列野外用火行为：

（1）焚烧树木、残枝落叶、杂草等；

（2）焚烧沥青、油毡、橡胶、轮胎、塑料、皮革、垃圾等以及其他产生有毒有害烟尘和恶臭气体的物质的；

（3）焚烧民俗祭祀物品；

（4）其他容易引起火灾和大气污染的用火行为。

第十二条 本市全年为森林防火期，实行全年森林防火；每年九月一日至次年五月三十一日为森林特别防护期；春节、元宵、清明、中秋、国庆、重阳、冬至、除夕等传统民俗节日及春耕备耕、秋收冬种和预报有高温、干旱、大风天气等森林火灾高发时段为森林高火险期。

第十三条 经县级以上人民政府决定，林业行政主管部门在森林特别防护期可以设立临时性森林防火检查站，对进入森林防火区的人员和车辆进行火源检查，对携带的火种、易燃易爆物品及其他可能引起森林火灾的物品，实行集中保管，任何单位和个人不得拒绝、阻碍。

春耕备耕、秋收冬种及预报有高温、干旱、大风天气等森林高火险期，县级以上人民政府应当根据森林防火需要，组织乡镇人民政府和街道办事处在农业生产生活区划定高火险区域，设置森林防火警示标志，开设防火隔离带，并组织人员对野外用火行为进行巡查。

县级以上人民政府应当根据森林防火需要在城镇居住区的城市公园、公共绿地、毗邻森林地带划定高火险区域，设置森林防火警示标志，开设防火隔离带，建设森林防火道路、消防水池等设施。组织相关单位制定森林火灾应急处置方案。

第十四条　在森林高火险区、森林高火险期内，县级以上人民政府可以发布命令，禁止一切野外用火。

第十五条　具备条件的村民委员会、村民小组可以设置公共祭祀点，组织、引导公民进行集中祭祀。

支持和鼓励公民移风易俗，采用绿色、环保、文明方式祭祀。

第十六条　县级人民政府应当引导农业经营企业及经营者利用秸秆腐化、氨化等技术综合利用秸秆，并将秸秆利用的技术、设备、项目纳入资金扶持范围。

鼓励农业生产者和经营者采用先进技术收集田基、荒地的草木，进行移除处理和回收利用。

乡镇人民政府应当合理设置秸秆收储点。

第十七条　县级以上人民政府有关行政主管部门、乡镇人民政府和街道办事处对野外用火管理不落实主体责任，执法不严的，由上级行政主管机关责令改正；造成严重后果的，对主管领导和直接责任人员依法给予处分；构成犯罪的，依法追究刑事责任。

第十八条　违反本条例第九条规定，在森林防火区内野外用火未引起森林火灾的，由县级以上人民政府林业行政主管部门责令停止违法行为，给予警告，对个人并处五百元以上二千元以下罚款，对单位并处一万元以上三万元以下罚款；引起森林火灾的，对个人并处两千元以上三千元以下罚款，对单位并处三万元以上五万元以下罚款；造成损失的，依法承担民事赔偿责任；构成犯罪的，依法追究刑事责任。

第十九条　违反本条例第十条规定，由县级以上人民政府生态环境保护行政主管部门责令改正，并可以处五百元以上二千元以下的罚款。

第二十条　违反本条例第十一条第一款第一项、第三项规定，由县级以上人民政府市容环境卫生行政主管部门责令改正，并可以处五百元以上二千元以下的罚款。

违反本条例第十一条第一款第二项规定，由县级以上人民政府市容环境卫生行政主管部门责令改正，对单位处一万元以上十万元以下的罚款，对个人处五百元以上二千元以下的罚款。

第二十一条　本条例所称秸秆，是指水稻、玉米、油菜、花生、甘蔗以及其他具有地上茎秆的植物茎叶。

第二十二条　本条例自 2019 年 1 月 1 日起施行。

《韶关市野外用火管理条例》
立法文本导读与释义

第一条　［立法目的］

为了规范野外用火行为，预防森林火灾，保障人民生命财产安全，保护生态环境，根据《中华人民共和国大气污染防治法》《中华人民共和国消防法》《森林防火条例》等有关法律法规，结合本市实际，制定本条例。

［导读与释义］

本条是关于《管理条例》立法目的和依据的规定。

德国著名法学家耶林在其著作《法的目的》中认为，法律在很大程度上是国家为了有意识地达到某个特定目的而制成的。他说："目的是全部法律的创造者。每条法律规则的产生都源于一种目的，即一种实际的动机。"[1]他宣称，法律是根据人们欲实现某些可欲的结果的意志而有意识地制定的。根据他的观点，法律（包括地方性法规）在很大程度上是国家为了有意识地达到某个特定目的而制定的。立法目的的确定是立法起草者对立法决策者立法目的和公众需求的法律表达，是对立法决策的动因和公众的立法需求通过法律条文表述出来的过程，一般在法律文本中通过指导思想、立法目的条款和原则条款等作规定，格式为"为了……。依据……，制定本……"等。立法活动的开始是以立法目的这一前提的存在为基础的，立法目的可以为立法行为指出开展活动的方向，所以，

---

　　[1]　［美］E. 博登海默：《法理学——法律哲学与法律方法》，邓正来译，中国政法大学出版社 1999 年版，第 109 页。

法规起草者首先要明确立法决策的立法目的。[1]

制定《管理条例》的目的是为了加强对野外用火的行为的管理，禁止非法、随意的野外用火行为，尽可能降低引发火灾的可能性，预防和减少森林火灾的发生，防止大气污染，保障人民生命财产安全，保护森林资源、保护生态环境，结合韶关市本地的实际情况，从地方实情出发，从实际出发，实事求是，根据《森林法》《大气污染防治法》和《森林防火条例》等有关法律、法规的规定，制定本条例。

本条从内容上可以划分为两个方面：其一，制定《管理条例》的目的；其二，制定《管理条例》的依据。制定《管理条例》的目的包含以下几个方面：第一，加强对野外用火行为的管理，把野外用火行为纳入法制轨道，使之有法可依，执法必严。使得野外用火行为规范化，通过制定地方性法规，改变以前市民随时随地胡乱点火的状况，解除对森林资源以及对人民群众生命财产的潜在威胁。无论是合理的农事用火，还是非农事用火，都将控制在法律框架内，做到依法用火。第二，预防森林火灾。森林火灾对森林资源、人民群众的生命财产、生态环境等都会造成惨烈损失和伤害。韶关是一个典型的山区城市，每年或多或少都会发生森林火灾。通过地方立法控制野外用火行为，就能够在很大程度上减少森林火灾的发生。第三，保障人民生命财产安全。野外用火导致的火灾对人民群众的生命财产安全构成威胁。人的生命是最宝贵的。森林焚毁、树木烧毁，尚可再生；而人的生命一旦失去则不可挽回。制定《管理条例》的最终落脚点还是保护生命价值。第四，保护生态环境。一次森林大火可以使局部地区的生态环境发生不可逆转的毁灭。即便有些生态资源能够恢复，但是，经济成本和时间成本是巨大的。因此，保护生态环境是制定《管理条例》的目的之一。

立法依据是指立法活动和立法内容都必须遵循宪法、立法法以及其

---

[1] 余俊："从长三角湖泊保护立法看地方性法规的起草技术"，载《地方立法研究》2019年第2期，第122页。

他上位法的基本原则和基本规定。下位法必须遵守和保持国家法制的统一性，不能违背上位法的规定，不能突破上位法的范围和界限。地方性法规要以宪法、立法法和相应的上位法为基本依据，也就是不抵触原则。制定《管理条例》的主要依据有《大气污染防治法》《消防法》《森林防火条例》。这些法律法规都是《管理条例》的上位法依据。除此之外，《管理条例》的立法依据还有：《立法法》《地方组织法》《环境保护法》《森林法》《治安管理处罚法》《行政处罚法》因立法技术上的需要，本条仅列明了主要的上位法依据。

本条具体而直接的立法依据如下：

《大气污染防治法》第 1 条规定："为保护和改善环境，防治大气污染，保障公众健康，推进生态文明建设，促进经济社会可持续发展，制定本法。"

《消防法》第 1 条规定："为了预防火灾和减少火灾危害，加强应急救援工作，保护人身、财产安全，维护公共安全，制定本法。"

《森林防火条例》第 1 条规定："为了有效预防和扑救森林火灾，保障人民生命财产安全，保护森林资源，维护生态安全，根据《中华人民共和国森林法》，制定本条例。"

"本市的实际"是指韶关这个独特的粤北山区城市所具有的与众不同的实际情况。这一特殊实际主要有这么几个方面：第一，韶关市是一个山城，环韶皆山也。从空中俯瞰，韶关城呈现出城在山中，山在城中的特点。山城紧密相连。因此，防火任务十分严峻而艰巨。第二，韶关的森林覆盖率高，全市的森林覆盖率超过 75%，居广东省各地级市之首。这也意味着保护森林的工作任务非常重要。第三，韶关市是珠三角的生态屏障，不容破坏。特别是 2017 年以来，广东省委省政府正式将韶关市定位为粤北生态特别保护区之后，保护粤北的生态环境、保护韶关的森林资源就成了一项重要政治性任务。由于，有着这几方面的特殊性，所以，《管理条例》的立法总原则是全区域禁火。《管理条例》将整个的韶关行政区划分为森林防火区、农业生产区和城镇居民生活区，三个区域实行不同要求的禁火，不留死角，不遗旮旯。这是在地方立法中比较罕见的。这也是《管理条例》的特点，也是其创新的地方。关于这一点，在法律草案征求意见和修改研讨阶段，有人提出了质疑：认为在全市范围内禁火是没有必要的，也做不到。理由是：未来执法很困难。针对这一观点，我们认为地方立法最宝贵的价值就是它的地方特性，如果不考虑本地区的地方特性，那么，地方立法就会失去其生命力和适宜性。鉴于韶关的特殊地理、地形和森林覆盖率等特点，如果不在全市范围内严厉禁火，那么，诸如孔明灯之类的移动火源就会对森林和生态造成严重而现实的威胁。防火的工作以及保护森林的工作最终得不到落实。立法要考虑周到，要有超前眼光。不留法律空白。至于执法难度大的问题，那是下一步考虑的事。由此，《管理条例》最后采取了全市区域禁火的立法思路。

"本市的实际"要求根据本行政区域的具体情况和实际需要的原则来立法。地方性法规的特性之一是具有地方性，也就是说，第一，制定地方性法规的主体只能是地方国家权力机关；第二，地方性法规的内容应适应地方的实际情况，解决本行政区域的实际问题；第三，地方性法规的效力只限于本行政区域，超出本行政区域即没有约束力。从立法类型上细分，地方立法可分为执行性立法与自主性立法。执行性立法是指地方立法主体为了执行中央立法的规定，需要根据本地的实际情况作具体规定的事项进行的地方立法活动。自主性立法是指地方立法主体在不违反国家立法的前提下，就地方性事务所进行的地方立法活动。实践中，也有学者将地方立法分为实施性地方立法、自主性地方立法、先行性地方立法三种类型。地方立法，贵在有地方特色，反映本地的特殊性，地方立法的生命力全在于此。在制定地方性法规的过程中，无论是制定执行性的地方性法规，还是在中央尚未立法而先行自主性立法的情况下，都要注意根据本地方的具体情况和实际需要，有针对性地立法。[1]

《管理条例》第1条从结构上可以划分为三个层次：首先指明了本条例的立法目的和意图；其次，用列举的方式列明了本条例的上位法；最后，明确了本条例在制定过程要注重韶关本地的实际，从实际出发，立有用之法，立实用之法。

森林火灾是一种突发性强、破坏性大、危害性高、处置困难的自然灾害，国内外发生的一系列重大森林火灾的惨痛教训都充分说明，森林火灾重在"预防"。因此，"预防森林火灾"是本条例的立法目的之一。

通过立法加强野外用火管理工作，可以有效地控制和减少森林火灾的发生，从而保障人民群众的生命财产安全，保护我市宝贵的森林资源，为人民群众创造一个安定安全的生产生活环境，这是本条例立法的另一目的。

韶关是广东的"北大门"，也是珠三角重要的生态屏障。为落实党的十九大报告提出的绿色发展理念，广东省委省政府研究决定，要在粤北地区就是重点在清远和韶关地区，建设粤北生态特别保护区，深入落实绿色发展理念，加强生态环境保护，加大对古村落保护和修复力度，建设珠江三角洲后花园。广东省时任省委书记胡春华还前往江湾大桥和丹霞机场建设现场、韶关钢铁考察调研。他强调，要坚定不移推进新区起步区建设，加快道路桥梁等控制性工程建设，完善公共配套设施，把新区建设和生态环保有机结合起来，打造高水平山水城市。要围绕龙头企业和优势产业开展产业链招商，引进培育装备制造等更多新兴产业，不断提升产业规模、质量和水平。胡春华强调，要规划建设粤北生态特别保护区。各地各有关部门要充分认识生态保护的极端重要性，切实把主体功能区战略落到实处，在韶关市及清远市的北部地区打造连片的、规

---

[1] 喻泽芳：《〈韶关市制定地方性法规条例〉导读与释义》，中国政法大学出版社2017年版，第10~11页。

模较大的南岭生态保护区核心区域，保护好原始生态风貌，筑牢粤北生态屏障。要科学划定生态特别保护区范围，实行强制性保护措施，全面禁止各类开发活动，实施移民搬迁和生态修复，避免生产生活对生态环境的损害和干扰，不断增强水源涵养、生物多样性保护等功能，维护生态系统的完整性和稳定性。

2017年9月27日，广东省时任省委书记胡春华主持召开省委常委会议，审议并原则通过了《建设粤北生态特别保护区工作方案》，会议强调要始终坚持绿色发展理念，高标准推进粤北生态特别保护区建设，集中力量在韶关、清远打造连片的、规模较大的生态保护区，不断增强水源涵养、生物多样性保护等功能，筑牢粤北生态屏障。

高标准规划建设粤北特别生态保护区既是省委赋予韶关的政治任务，更是当前韶关推进生态文明建设的一个有力抓手。这一决策对韶关来说，是一个重大利好和重大战略支撑。

这一工作正在紧锣密鼓进行中：目前已成立了工作领导小组，韶关市发改局牵头制定了《韶关市建设粤北生态特别保护区前期工作方案》，会同林业、住管、相关县（市、区）开展了摸底调查、搬迁成本测算等工作，同时还开展了完善省级财政转移支付、区域生态补偿体制、基础设施投融资体制和基本公共服务均等化和考核政策等方面的政策研究。2018年8月，广东省发改委就《粤北生态特别保护区范围划定及建设实施方案》发文征求意见。10月，广东省林业厅就《粤北生态特别保护区总体规划（2019-2028年）》发文征求意见，韶关市在范围划定、产业发展、生态补偿、搬迁安置、基本公共服务、考核机制、保障措施等提出了诉求和建议。

在粤北生态特别保护区范围划定方面，韶关市在现有自然保护地、水源保护区和不适宜开发建设的25度以上坡地的区域中，着重保护南岭生物多样性，体现水源涵养功能，在韶关境内选择集中连片、人口分布、生产设施和建设活动较少的南岭-南水片和大峡谷-罗坑片划入粤北生态特别保护区建议范围，总面积 1007.95 平方公里。[1]

韶关的生态文明建设是责任担当，韶关是广东省森林资源最丰富的地区之一，森林覆盖率超过 75%，居全省之首。韶关是广东的"北大门"，也是珠三角重要的生态屏障。因此，全市的森林防火工作既重要又艰巨。近年来，韶关市发生了多起森林火灾，造成森林资源焚毁、财产损失和人员伤亡，对人民群众的生产生活产生了重大影响。引起森林火灾原因有多种，其中野外用火是引发森林火灾的主要原因。而农民在田野焚烧秸秆、田基草等农作物茎秆以及清明祭祀等民俗活动是最容易导致森林火灾的两大类野外用火行为。虽然，我国目前在中央立法层面上已制定《森林法》和《森林防火条例》；地方立法层面，广东省人大常委会已颁布《广东省森林防火条例》，在森林防火区的用火行为已经有相应的法律法规进行规范。城市、城镇和农村居民生活区也有《消防法》和《广东省实施〈中华人民共和国消防法〉办法》等法律法规对用火行为和预防火灾进行规范。但是，在森林防火区之外，远离城乡居民生活区的广阔区域，即农业生产区，目前还没有专门针对野外用火行为进行规范和调整的法律法规。这一领域，在全国范围内尚属立法空白。因此坚持和贯彻问题导向原则，通过地方立法分类管理和规范森林防火区、农业生产区以及城乡居民生活区的野外用火行为，预防和减少森林火灾，加大森林防火力度，保障人民生命财产安全，防治大气污染，保护韶关生态环境，对建设粤北生态特别保护区是十分必要的。

---

[1]　汪露蓉、薛柏华："2017 年：韶关纳入粤北生态特别保护区"，载《韶关日报》2017 年 4 月 2 日。

第二条　　[适用范围]

本条例适用于本市行政区域内森林防火区、农业生产生活区、城镇居住区的野外用火管理活动。

本条例所称森林防火区是指林地及距离林地边缘一百米范围内的区域。城镇居住区是指城市和乡镇的建成区居民生活区域。农业生产生活区是指城镇居住区和森林防火区之外的从事农业生产和居民生活的区域。

[导读与释义]

本条属于法的效力条款，是《管理条例》的效力范围，包括《管理条例》的空间效力和对象效力。同时，界定了森林防火区、农业生产生活区和城镇居住区的概念和范围。

本条的直接法律依据是：

《立法法》第72条第2款前半段规定："设区的市的人民代表大会及其常务委员会根据本市的具体情况和实际需要，在不同宪法、法律、行政法规和本省、自治区的地方性法规相抵触的前提下，可以对城乡建设与管理、环境保护、历史文化保护等方面的事项制定地方性法规，法律对设区的市制定地方性法规的事项另有规定的，从其规定。"

《广东省实施〈中华人民共和国消防法〉办法》第2条规定："本办法适用于本省行政区域内的消防安全活动。"

法的效力范围，也称为法的适用范围，是指任何法都是有明确的调整对象与调整范围的，因此，从根本上讲，任何一个法律文本都会有法的效力条款设置。法的总则中的"法的效力"条款是指规定法的适用对象范围、适用空间范围以及适用事项范围的条款。[1]

有学者认为,法律效力至少包括三层含义,第一,法律的效力,即法律规范本身的有效还是无效,以及法律的拘束力。第二,法律规范对人、事、物的拘束力和强制性。第三,法律上的效力,即法律上的合法性,一般是指实施了作为或者不作为的行为后,或者某种物或某种关系的存在经过法律的判断和评价予以确认后,在法律上具有合法性,因而产生法律上的效力。[2]

德国学者伯恩·魏德士认为,法的效力有三个方面的意义:一是应然效力,法应当有效,因为法是由国家制定并由国家实施;二是实然效力,如果法得到真正的遵守,那么它就存在。现实效力与守法者的动机无关。三是道德效力(认可效力或确信效力/接受),它表明了遵守法律的道德基础。如果法律规范是出于法律确信而被人们自愿遵守,那么它就具有了道德效力。[3]

从法律文本角度看,我们认为法的效力就是法律规范对人、事、物的拘束力或强制性,如此,法律对人、事、物的拘束力或强制性是有一定范围的,也就是说任何一个部门法只是对一定的人、事、物产生拘束力或强制性,这就是法的效力范围。这个效力范围是由各个方面组成的有机整体,而由各个方面所构成的法的效力范围便是我们称之为的"法的效力维度"。[4]

法的效力这一概念,通常有广义和狭义两种含义。[5]广义的法的效力,是指法的约束力和强制力,即凡是国家制定和颁布的法律,都对人的行为具有一种普遍性的法律上的约束力和强制力,这是规范性法律文

---

〔1〕 汪全胜、张鹏:"法的总则中的'法的效力'条款设置论析",载《理论学刊》2013年第2期,第87页。

〔2〕 李林:《立法理论与制度》,中国法制出版社2005年版,第390~391页。

〔3〕 [德]伯恩·魏德士:《法理学》,丁小春、吴越译,法律出版社2003年版,第151页。

〔4〕 张根大:《法律效力论》,法律出版社1999年版,第28页。

〔5〕 张文显主编:《法理学》,法律出版社2007年版,第143页。

件的效力。

　　法的效力范围，即指法对任何种人、在何种空间范围、时间范围内有效，从而发挥法的约束力和强制力。由此，法的效力范围一般包括三个方面的内容：（1）法的对象效力范围；（2）法的空间效力范围；（3）法的时间效力范围。[1]

　　法的效力条款也可以说是法的适用区域以及对哪些人适用。本条共两款，第1款首先明确了《管理条例》的效力，同时，创造性地设立了分区管理制度，把整个韶关市的行政区域划分为三个不同区域：森林防火区、农业生产生活区、城镇居住区。对三个不同区域实行分区管理，适用不同的法律规定；第2款是对森林防火区、农业生产生活区、城镇居住区生活区的概念和范围进行了界定和划分。这是《管理条例》的重要制度创新。按照《管理条例》的规定：森林防火区是指林地及距离林地边缘100米范围内的区域。2017年修订的《广东省森林防火条例》第17条规定："县级以上人民政府应当根据本行政区域内森林资源分布状况和森林火灾发生规律，将林地及距离林地边缘不少于三十米的范围划定为森林防火区，并向社会公布。"依据这一条规定的精神，考虑到韶关山区城市的特殊地形地貌，《管理条例》在划定森林防火区时将森林防火区的范围扩展到林地及距离林地边缘不少于100米。加大了对森林以及森林防火区的保护力度。城镇居住区是指城市和乡镇的建成区居民生活区域。相对而言，森林防火区和城镇居住区生活区的概念和范围比较容易界定和划定，而农业生产生活区就不那么容易定义。此处，《管理条例》借鉴了我国《民法总则》关于动产和不动产的立法技巧，先圈定森林防火区和城镇居住区，然后，剩余区域即为农业生产区。从实践上看，这完全是科学合理的，也是行得通的，体现了《管理条例》在立法上的技巧。

　　总体上讲，本条是最能体现《管理条例》的立法技术和立法智慧的。为什么呢？理由有以下三个方面：第一，提出了野外用火这一法律概念

---

　　〔1〕　张文显主编：《法理学》，法律出版社2007年版，第145页。

术语。野外用火作为生活用语和文学术语偶有所见，且使用频率不多。而在国内作为法律用语尚属首次。《管理条例》指的野外用火是指本行政区域内除城乡居民生活外的用火叫野外用火，城乡居民为生活所需而使用的火，不属于本法所称的野外用火。野外用火作为法律术语或法律概念，这是在全国地方立法中首创。第二，从立法的简洁性来讲，本条第 1 款本应为：本条例适用于本市行政区域内野外用火管理。（草案初稿为："本条例适用于本市行政区内一切野外用火管理"）。后来，经过研讨，立法起草者将"本市行政区域"切分为三大块，即：森林防火区、城镇居住区和农业生产生活区，这三个区域在空间、面积和地域等方面与本市行政区域完全等同。之所以这样表述，目的是为了创设分区管理制度，并且在《管理条例》的起首埋下伏笔，起到提纲挈领的作用，能够与后面的条文互相呼应，避免后面的制度设计突兀。在我国立法实践中，无论中央立法还是地方立法，涉及法的效力范围时，这种用具体的区域范围来取代行政区域范围的做法并不多见。不能不说是地方立法的技术创新。第三，在立法层面上，《管理条例》把行政区域具体化，提出了森林防火区、城镇居住区和农业生产生活区三位一体的概念，并由此创制三位一体的野外用火管理制度，这在全国应当是属于首次。

制定《管理条例》的目的是保护粤北特别生态区、保护韶关的生态环境，属于立法法授权设区的市的立法权限。本市行政区内一切野外用火都适用本条例，包括本市森林防火区、农业生产生活区、城镇居住区内所有野外用火。

韶关市的土地面积为 1.84 万平方公里，《管理条例》把这 1.84 万平方公里划分成三个区域来管理，第一个区域是森林防火区，由各县级以上地方政府按照《广东省森林防火条例》的规定划分出来的区域，这个区域一般离森林的安全距离 100 米。第二个区域是城镇居住区，即：指城市建设区、城镇、农村集中或分散的居住点。考虑到有的居住区很集中，有些可能很分散，《管理条例》把这一部分划到生活区中去；第三个区域是农业生产生活区。这三个区域涵盖了韶关市所有区域。这样，野外用火的管控问题就涉及三个区域：一个是森林防火区，一个是城镇居住区，还有一个是农业生产生活区。至于森林防火区，广东省已经出台的《广东省森林防火条例》对森林防火区的防火规定比较详细，各级县、市、区人民政府、镇政府、乡政府包括市政府均能较好地实施和执行《广东省森林防火条例》有关规定，从法的实施效果来看，在森林防火区这一块能够管控到位。第二块就是城乡居民生活区这一块，是按照消防法律法规来进行管理，有一部分是按照《大气污染防治法》进行管控。这两个领域有现有法的法律法规进行调整，唯独农业生产区在本条例出台前是没有相应的法律法规可适用的。这也是《管理条例》发挥作用的地方了。农业生产区的秸秆焚烧问题是本条例要解决的一种重要问题。因此，制定本条例也是十分必要的。当时，韶关市委也对立法工作作出了明确指示，要求围绕如何进一步做好森林防火这个主题开展立法。立法起草之初，有立法工作人员提出意见，认为："韶关作为设区的市，制定关于野外用火管理的地方性法规，而这一领域的立法在全国目前是空白，广东省没有先例，其他各地级市、设区的市也没有尝试过。我们算是创造性的立法。这部法，假如立的好，也是我们韶关的特色。如果立的不好，把关不严，可能会有问题存在，可能也会受到上级的批评。因此，在对待合法性问题，也就是立法权限问题，有关部门和具体起草工作人员要加强研究和探讨。"可以看出，本条例在立法工作初期，还是存在争议和疑虑的。经过研讨和论证，立法起草小组认为不存在合法性障碍。这一问题参见前言部分的分析。关于《管理条例》在农业生产生活区禁止野外用火是否存在减损公民权利的问题。刀耕火种是我国几千年来，农业生产方式。直到现在许多地方的农民仍然采用烧荒积肥的传统农业生产方式。如果，从立法上完全禁绝这一野外烧荒行为，必然妨碍农民的生产，也会遭到农民的抵制，未来执法的阻力很大。为此，立法起草者在《管理条例》第10条第2款，给农业生产生活区的野外用火行为适当地开了一个口子，以便照顾正当的农业生产用火。《管理条例》第10条第2款规定："确因农业生产需要焚烧秸秆、田基草、果园草等，用火单位或者个人应当提前三天向所在地的村民委员会报告。用火单位或者个人应当指定专人监管用火现场，事先开设防火隔离带，在气象条件为森林火险等级三级及以下用火；用火结束后，应当检查清理火场，确保明火和火星彻底熄灭，严防失火。"这样，既强调了法律的权威性和统一性，又适当地兼顾了农民的利益。所以，《管理条例》不存在减损公民权利的规定。

本条第1款在文义上仅仅是空间效力的表述，但是，实际上还暗含对象效力。法律对人的效力，又称对象效力。一般是指法律对何人有效，法律适用于何人。全世界各国的法制实践中先后曾经出现过四种对人的效力的适用原则，它们分别是属人主义、属地主义、保护主义和以属地的原则为主，与属人主义、保护主义相结合的原则。根据我们国家的法律规定，对人的效力包括对中国公民的效力和对外国人、无国籍人的效力两个方面。属人主义，即法律只适用于本国公民，不论其身在国内还是国外，非本国公民即使身在该国领域内也不适用。属地主义，法律适用于该国管辖地区内的所有人，不论是否是本国公民，都受法律约束和法律保护，本国公民不在本国，则不受本国法律的约束和保护。保护主义，即以维护本国利益作为是否适用本国法律的依据，任何侵害了本国利益的人，不论其国籍和所在地域，都要受该国法律的追究。以属地主义为主，与属人主义、保护主义相结合。即既要维护本国利益，坚持本国主权，又要尊重他国主权，照顾法律适用中的实际可能性。在司法实践中，中国采用的是第四种原则。另外，根据我国相关法律规定，法的对象效力包括两个方面：其一是对中国公民的效力。中国公民在中国领域内一律适用中国法律。在中国境外的中国公民，也应遵守中国法律并受中国法律保护。但是，这里存在着适用中国法律与适用所在国法律的关系问题。对此，应当根据法律区分情况分别对待。其二是对外国人和无国籍人的效力。外国人和无国籍人在中国领域内，除法律另有规定者外，适用中国法律，这是国家主权原则的必然要求。就《管理条例》的对象效力而言，包括三类主体，适用于三种人。首先应当适用于所有韶关本地的居民，全韶关的公民都有义务遵守这部法规，在涉及野外用火行为时都受到该法规的约束。其次，是在韶关生活、工作、旅游、出差、探亲等中国人。这一类主体也适用《管理条例》。上述中国人在韶关行政区域范围，涉及野外用火的，也应当遵守《管理条例》的规定。韶关市是一个旅游城市，每年外地来韶关游览的客人比较多，多数景区都在山区。游客在观光游览时，也必须遵守《管理条例》对野外用火行为的相关规定。最后，外国人和无国籍人，无论是在韶关经商贸易、探亲访友还是旅游观光，也不论是长期居住还是短暂停留，都应当遵守《管理条例》。

关于《管理条例》与《广东省森林防火条例》效力和适用问题。从法的效力位阶来讲，广东省人民代表大会制定的法律与韶关市人民代表大会制定的法律，属于同一级别的地方性法规，它们不是上位法与下位法的关系。但是，在实践中，由于制颁的时间不同，内容不同，制定的主体不同，两者在适用方面可能出现不一致的情形。那么，对此，我们如何确定适用原则呢？有学者主张省级地方性法规优先适用。当设区的市地方性法规与省级地方性法规出现不一致时，认为应当优先适用省级地方性法规。[1]主要理由：一是省级地方性法规由省级人大及其常委会制定，设区的市地方性法规由设区的市人大及其常委会制定，按照制定主体的层级关系，省级地方性法规的效力当然高于设区的市地方性法规。二是设区的市地方性法规制定后须报省级人大常委会批准才能施行，批准过程中通常都将省级地方性法规作为对设区的市地方性法规进行合法性审查的依据。三是立法法规定设区的市地方性法规不能与本省、自治

---

〔1〕 丁祖年："试论省级人大常委会对较大市地方性法规的批准权"，载《法学评论》1990年第6期，第68~71页。

区的地方性法规相抵触，"不抵触"的规定说明省级地方性法规是设区的市地方性法规的制定依据，二者本不应发生冲突。[1]

也有学者主张设区的市地方性法规优先适用。与省级地方性法规优先适用相反，认为应当优先适用设区的市地方性法规。[2]主要理由：一是法律法规并未明文规定地方性法规有效力大小之分，在《立法法》第五章关于法律适用之中也只是规定"地方性法规的效力高于本级和下级地方政府规章"，而没有规定省级地方性法规效力高于设区的市地方性法规。二是设区的市地方性法规是经省级人大常委会批准的，也就是说设区的市级人大及其常委会并不具有完整立法权，设区的市地方性法规的部分立法权事实上由省级人大常委会行使，因此其效力自然应当与省级地方性法规相同。而当二者出现冲突时，根据"特别法优于普通法"的原则，应当优先适用设区的市地方性法规。三是省级人大常委会在批准设区的市地方性法规过程中都对其合法性（包括与省级地方性法规不抵触）进行了审查，如果出现冲突，说明省级人大常委会也是认可的，当然应当优先适用。[3]

上述两种不同观点，各有其理，但也各有局限性。两种看法都不够全面。对于省级地方性法规和设区的市的地方性法规的效力比较问题，应当要区分情况而定。其一，当设区的市地方性法规出现内容不相抵触的合法情形时，按照"特殊优于一般"的效力原则适用。《立法法》规定省级人大常委会对设区的市地方性法规仅进行合法性审查，在法定范围内出现不一致情形，即使设区的市制定地方性法规在先，省级地方性法规生效后市级地方性法规的不一致的内容也继续优先适用。设区的市

---

〔1〕 陈源婷："论设区的市地方性法规与省级地方性法规的效力及其适用"，载《贵阳市委党校学报》2016年第5期，第35~38页。

〔2〕 尹婷婷："行政审判中的'较大的市地方性法规'"，浙江大学2014年硕士学位论文，第82~123页。

〔3〕 陈源婷："论设区的市地方性法规与省级地方性法规的效力及其适用"，载《贵阳市委党校学报》2016年第5期，第35~38页。

制定地方性法规在后时，省级人大常委会审查时更应严格按照法律规定，对合法的不一致内容予以批准通过，生效后优先适用设区的市地方性法规。[1]其二，当两者内容存在相抵触的违法情形时，按照"上位法优于下位法"的效力原则适用。如果设区的市地方性法规制定在前，省级地方性法规生效后，优先适用省级地方性法规，设区的市人大及其常委会应当及时废止该法规或者修改相抵触的内容。如果设区的市地方性法规制定在后，按照《立法法》规定，省级人大常委会对报请批准的地方性法规不予批准。已经批准的，应由省级人民代表大会改变或者撤销。[2]

---

[1] 陈源婷："论设区的市地方性法规与省级地方性法规的效力及其适用"，载《贵阳市委党校学报》2016年第5期，第35~38页。

[2] 陈源婷："论设区的市地方性法规与省级地方性法规的效力及其适用"，载《贵阳市委党校学报》2016年第5期，第35~38页。

第三条　[管理原则]

野外用火管理实行属地管理、分级负责、分区管控、综合治理的原则。

[导读与释义]

本条是《管理条例》关于管理原则的规定。

本条的直接法律依据是:《广东省森林防火条例》第3条。森林防火工作实行预防为主、科学扑救、积极消灭的方针,坚持以人为本、综合治理、分级负责、属地管理的原则。

《管理条例》一审提交审议前的草案为:"野外用火管理实行属地管辖、分级负责、分区管控、综合治理的原则。"后经过讨论,修改为:"野外用火管理实行属地管理、分级负责、分区管控、综合治理的原则"。

管理原则是本条例的总括性和纲领性的条款,是《管理条例》的指针,它起着提纲挈领的统帅作用。在整部法律中,居于核心地位。它既是条例立法创制的指导精神,是制度构建和权利义务配置的总规定,也是未来执法的指导原则。本条例的管理原则分为四个,即:属地管理、分级负责、分区管控、综合治理。

(一) 属地管理

属地管理,属地原则又称"属地主义""属地主义原则"。属地管理就是按照地区或区域的不同实行管理,属于哪一个行政机关管辖范围的就由该机关管理。这就是通常说的:谁主管,谁负责。属地管理实际上就是划界管理。就本条例来讲,野外用火行为发生在谁的管辖范围内,谁就有责任和权力管理,不可推卸,不可回避,不可坐视不管。属地管理原则的优点在于：明确职责，落实责任，分工清晰，有利于把问题解决在基层，把矛盾消灭在萌芽状态，但也有明显的局限性。从行政管理角度来看，属地管理强调的是以地域和范围为管理原则。但是属地管理可能引起画地为牢的政策措施。这项立法助长了各种形式的地方主义，制约管理工作的协调和互补，产生封闭化。不利于跨行政区的联络与合作。所以，在属地管理基础上还得辅以其他原则。

（二）分级负责

分级负责就是分级别负责，层层落实责任。权力和责任是对等的，各级政府机关不能有权力无责任。每一级行政该机关部门都有自己的责任，这个责任不能替代。对韶关市的野外用火管理，必须靠各级行政机关，同时发挥和调动起基层群众自治性组织的力量，按照管理权限，落实分级负责原则，层层传导压力。野外用火的管理职责实行行政首长负责制。管理野外用火的职责一直压到基层，形成一级抓一级、层层抓落实的局面。这是落实管理职责的成功经验，也是压实问责责任的必由之路。

属地管理原则要求由事发地的主管部门解决问题，事发地主管部门解决不了的，也可以由其上一级主管部门解决，下级主管部门不能将问题和矛盾直接推给上级主管部门。分级负责原则强调各级行政部门各负其责，对于行政系统来说，这无疑是重要的，每一级政府、每一个行政部门都应当是负责任的。

（三）分区管控

分区管控就是从立法上，把整个韶关行政区域划分为三块，即：将野外用火划分为城镇居住区、森林防火区和农业生产生活区。在三类不同区域的野外用火适用不同法律法规的调整。其中，森林防火区的野外用火适用《森林法》《森林防火条例》《广东省森林防火条例》的规定；城乡居民生活区野外用火执行《消防法》和《广东省消防条例》等的规定。而涉及农业生产区的野外用火则由本条例加以规范。这样，根据防火工作轻重缓急情况和实际需要对野外用火行为进行管理和控制，而不是不加区别地采取一刀切办法，分区管控原则，体现了有重点，有针对性和目的性。避免眉毛胡子一把抓。分区管控原则是本条例分区管理制度创建的指导思想，分区管理是分区管控的具体化。分区管控原则贯穿了整部条例，是本条例的一条主线。理解了分区管控也就能明白和把握分区管理制度的精髓。

（四）综合治理

综合治理是本条例在具体实施过程中，须在各级党委和政府的统一领导下，动员和协调全社会各方面的力量，综合运用政治的、经济的、行政的、法律的、文化的、教育的等多种手段，管控野外用火，建立和维护良好的野外用火秩序。要完成这样一个具有长期性、广泛性、复杂性和综合性的执法司法任务，必须确立并遵循符合其自身规律和特点的基本原则，才能保证其高效有序地运作。（1）协同配合，多管齐下，重在治本原则。各级党委各级政府首先要肩负起各自的管理职责，主动出击，坚持预防为主，要在宏观上把违法野外用火的预防工作作为综合治理工作最基本的立足点和出发点，运用多种途径多种方式多种力量，统筹协调，以提高这项工作的整体功效。任何一项社会综合治理作为一项宏伟的社会系统工程，都不是各种社会组织、法律制度、政策措施和治理活动的简单相加和无序堆砌，而是各个子系统和诸因素的有机结合，相辅相成，协调运作的动态大系统。野外用火管理工作也是这样。注重从抑制和消除产生违法野外用火现象的具体原因和条件入手，最大限度地减少和防止森林火灾等现象发生，从而达到治本之目的。（2）坚持法治思维，依法行事。就是要把野外用火的综合治理工作纳入法律的轨道，使综合治理工作法律化、制度化，从而在法律制度上保证野外用火管理工作的连续性、稳定性和权威性。（3）互通互补，查漏补缺，不留死角。各地区的实际情况千差万别，不一而足。对于野外用火的防范和管理，各责任主体要信息互通，异常情况、特殊情况要及时通报，互相提醒，及时化解，做到步调一致，工作配合协调，从而，形成一张严密的野外用火管理法网，最大限度地禁绝违法野外用火，实现法的目的。

本条例的四个管理原则，共 16 个字，浓缩了整部法律的精华和核心内容，简洁精炼，明白易懂，是概括提炼得较好的法律原则。

第四条　［管理职责］

野外用火管理工作实行各级人民政府行政首长负责制。各级人民政府主要负责人是野外用火管理工作第一责任人，承担主要领导责任；分管负责人是主要责任人，承担直接领导责任。

各级人民政府应当建立健全森林防火责任追究制度，依法签订森林防火责任书，并将野外用火管理工作纳入目标管理考核范围。

县级以上人民政府应当建立跨区域、跨部门的森林防火联防机制，确定联防区域，制定联防制度和措施，实行信息共享，加强监督检查，共同做好森林防火工作，并将野外用火管理工作经费纳入财政预算。

［导读与释义］

本条是关于政府及其职能部门有关野外用火方面管理活动中的组织领导和财政支持的规定。

《管理条例》第3条确立了野外用火管理实行属地管理、分级负责、分区管辖、综合治理的原则。各级人民政府应当加强对野外用火管理的组织领导，建立野外用火管理制度和联合执法机制，实行行政首长负责制，政府主要负责人是野外用火管理工作第一责任人，承担主要领导责任。分管负责人是主要责任人，承担直接领导责任，并将野外用火管理工作纳入年度工作职责考核范围，建立责任追究制度，倒追责任，才能落实各项管理制度和管理职责。为了保障野外用火管理工作的正常开展，必须要有经费保证。故《管理条例》规定县级以上人民政府应当将野外用火管理工作经费纳入财政预算，为野外用火管理工作提供物质支撑。

本条的直接法律依据：《森林防火条例》第5条和《广东省森林防火

条例》第 4 条、第 8 条。

《森林防火条例》第 5 条第 2 款规定："县级以上人民政府根据实际需要设立的森林防火指挥机构，负责组织、协调和指导本行政区域内的森林防火工作。"

《广东省森林防火条例》第 4 条规定："森林防火工作实行各级人民政府行政首长负责制。各级人民政府主要负责人是森林防火工作第一责任人，承担主要领导责任；分管负责人是主要责任人，承担直接领导责任。各级人民政府应当建立健全森林防火责任追究制度，签订森林防火责任书，并将森林防火工作纳入目标管理考核范围。"

《广东省森林防火条例》第 8 条规定："森林防火工作涉及两个以上行政区域的，有关人民政府应当建立森林防火联防机制，确定联防区域，制定联防制度和措施，实行信息共享，并加强监督检查，共同做好森林防火工作。"

本条在草案二审前为两款："各级人民政府应当加强对野外用火管理的组织领导，建立野外用火管理制度和联合执法机制，实行行政首长负责制，政府主要负责人是野外用火管理工作第一责任人，承担主要领导责任。分管负责人是主要责任人，承担直接领导责任，并将野外用火管理工作纳入考核范围。"

县级以上人民政府应当将野外用火管理工作经费纳入财政预算。

后经研讨，吸收社会各方的意见和建议，增加到三款。三款组合起来，确定了以韶关市政府负总责的野外用火目标管理责任制，明确了各级政府的野外用火管理、森林防火领导责任及责任追究制度，并将其作为考核政府工作的重要内容之一。本条的内容较为丰富，涉及行政首长负责制、森林防火责任追究制度、森林防火责任书、目标管理考核制度、跨区域、跨部门的森林防火联防机制以及财政预算经费保障制度等。下面，我们分别介绍上述各项制度。

本条第 1 款，野外用火管理工作实行各级人民政府行政首长负责制。

立法的主旨是建立行政长官负责制。从市到县（含县级市）到乡镇（含街道办），各级人民政府主要负责人是野外用火管理工作第一责任人，对野外用火管理工作承担主要领导责任；在政府机关内部的分工上，各级人民政府可以根据实际情况确定野外用火管理工作的分管负责人，分管负责人是主要责任人，承担直接领导责任。前者对因野外用火管理失职承担领导责任，后者承担的是直接责任。

行政首长负责制，是指各级政府及其部门的首长在民主讨论的基础上，对本行政组织所管辖的重要事务具有最后决策权，并对此全面负责。行政首长负责制在法律上确立始于 1982 年 12 月 4 日第五届全国人民代表大会第五次会议通过的《中华人民共和国宪法》。1982 年的《宪法》第 86 条第 2 款规定："国务院实行总理负责制。各部、各委员会实行部长、主任负责制。"第 105 条第 2 款规定："地方各级人民政府实行省长、市长、县长、区长、乡长、镇长负责制。"《地方组织法》第 62 条规定"地方各级人民政府分别实行省长、自治区主席、市长、州长、县长、区长、乡长、镇长负责制。省长、自治区主席、市长、州长、县长、区长、乡长、镇长分别主持地方各级人民政府的工作。"从此，行政首长负责制逐步在全国建立和推广。行政首长责任制既是一种行政领导体制，又是一种行政责任制。行政首长责任制是行政责任制的核心。"从责任形式上看，行政首长既要承担政府的责任，又要承担职务和职权所带来的责任和义务。从性质上看，行政首长既要承担法律责任，又要承担一般行政责任"，[1]行政首长责任制的优点在于：第一，责任法定化。行政首长责任制下，各级政府的行政首长的职权来自法律授权，职责有法律明确规定；野外用火管理工作就有了明确的责任主体。第二，具有稳定性。行政首长责任制业经法律规定后，成为稳定的常态化的职责，非经法律修订或法定程序不可以变动；行政首长的职责不会因上级领导或本级领导干部的更替而变动。防止个别领导干部推卸职责，把权力收归自己手中，

---

〔1〕 范梅芝："中国行政责任制度的再思考"，载《改革与开放》2009 年第 12 期。

而把责任甩给下属。第三，具有严肃性。行政机关的首长职责成为法定职责后具有严肃性和严厉性，这不同于一般的纪律处分，而是惩戒较重的法律责任。有利于督促各级政府机关的首长切实抓好野外用火管理工作，担负起应有的职责。第四，责任明确化。行政首长责任制的确立使得各级政府的行政首长在野外用火管理工作上权责分明，有利于追责。只有推行行政首长负责制才能真正地把野外用火管理工作抓好。

行政首长责任制并非只是行政长官负担所有责任。行政首长的职责范围很广，行政事务很多，行政管理活动，行政长官也无法做到事无巨细皆能事必躬亲。行政首长可以根据具体情况和人事安排，将有关野外用火管理事务分配给业务熟悉的副职领导主管。因此，本条第1款涉及的职责包含两个方面：一个是行政首长承担的主要领导职责；另一个是分管负责人承担的直接责任。

本条第2款规定各级人民政府应当建立健全森林防火责任追究制度，各责任主体要与政府部门签订森林防火责任书，同时，各级人民政府和政府部门要把野外用火管理工作纳入年度目标管理考核范围。第2款确立了三个制度：第一，责任追究制度；第二，森林防火责任书制度；第三，目标考核制度。

责任追究制度，包括责任追究范围和追究办法。责任追究范围主要有以下几类人员：（1）各级政府的行政首长是野外用火管理工作的第一责任人，承担全面领导责任；分管林业工作的主要负责人是第二责任人，承担直接领导责任；（2）各村委会主任、村小组组长；（3）山林护林员；山林经营者和承包者。追究办法一般采取以下措施：一是对未按时完成与应当签订森林防火目标责任书的，对森林看护人员和专门扑火队组建不达标、森林防火培训和演练参训参演不积极不主动的，对森林防火值班和进山登记检查人员未到岗到位的，对在除夕、春节、元宵、清明、中秋等重要野外用火集中时段的坟墓集中区，未安排专人值守看管，未指示集中用火点的，未按要求设置防火隔离带和隔离墙的，由上级政府责令改正，并对主要负责人及相关责任人进行诫勉谈话。二是对拒绝接受森林防火检查或接到火灾隐患整改通知书逾期不消除火灾隐患的，对未经批准擅自在林区烧荒积肥、焚烧秸秆、生火取暖等违法野外用火的，森林防火警示警告宣传标志管护不到位，致其损坏的，由上级政府责令改正，给予警告，并扣减工资奖励。三是对森林火灾瞒报、谎报、故意拖延报告森林火灾的，对发生森林火灾未采取措施或前期处置不力，造成人民群众较大财产损失或人员伤亡的，对主要负责人任免实行"一票否决"，并给予记过，取消年度评先评优和专项经费补助。四是对达到一般森林火灾最低标准或受害森林面积达到 30 亩及以上，造成社会不良影响或较大经济损失，发生人员伤亡，构成犯罪等行为，按相关法律规定进行追责。

本条第 3 款，立法目的是建立野外用火的联防机制，资源和信息共享，各级政府，特别是市政府和县级政府应当把野外用火管理工作经费纳入财政预算，为野外用火管理工作提供充足的物质保障。

严格执行责任制是将野外用火管理各项措施落到实处的重要保证。各级党委、政府要进一步健全和落实野外用火安综合治理目标管理责任制和领导责任制等各项制度。要建立健全落实责任制联席会议制度。要把各级党政领导干部抓野外用火工作的实绩，列为干部考核的重要内容，并把考核结果作为干部升降奖惩的重要依据，与晋职晋级、奖惩直接挂钩。要严格执行领导责任查究制度，进一步加大对因领导干部工作不力而导致发生严重森林火灾问题的地方、单位及部门进行领导责任查究的力度，追究有关领导的责任和直接负责人的责任。各级政府、各部门要层层抓落实，一级抓一级，切实将野外用火综合治理领导责任制落到实处。

第五条 [部门职责]

林业行政主管部门负责森林防火区的野外用火监督管理。农业行政主管部门负责农业生产生活区野外用火监督管理。市容环境卫生行政主管部门负责城镇居住区的野外用火监督管理。生态环境保护行政主管部门负责因野外用火引起大气污染的环境监测、监督管理与综合防治工作。

发展和改革、公安、应急管理、交通运输、民政、气象等有关部门按照各自职责做好野外用火管理工作。

[导读与释义]

本条是《管理条例》中的"主管机关"条款，共两款，是关于政府及其职能部门在野外用火管理工作中的职责的规定。第1款，明确了林业行政主管部门、农业行政主管部门、市容环境卫生行政主管部门以及生态环境保护行政主管部门作为野外用火主要管理部门所应当承担的职责。第2款，规定了发展和改革、公安、应急管理、交通运输、民政、气象等有关部门按照各自职责做好野外用火管理工作。体现了责任有主次之分，轻重分明。

立法活动中常常要引述"主管机关"，规定主管机关的权限和职责。那么"主管机关条款一般不过三两个条文，但不应当只是对各级各类主体各自职责的简单罗列，更要体现出它们之间的逻辑关系、主辅关系，可谓提纲挈领，便于引领立法内容（通常是分则）中的具体规范和制度的设计。主管机关条款承载的价值主要有，第一，秩序价值。立法主管机关条款的秩序价值有两个层面：一是通过明确执法主体促进法的实施，法的执行的过程就是社会秩序建构和维护的过程；而是厘清职权职责、建立协调机制处理好各级各类行政机关及公共组织之间的关系，这则是执法秩序建构和维护的过程。第二，效率价值。划分管理部门权责范围，从而明确某一项或几项工作的领导部门、主管部门、协管部门、协调机制等，保证有主体管理该项工作的组织实施并为实施效果负责，规范的、严谨的主管机关条款能够推进立法的有效实施，最大程度避免职责不清不明造成的制度内耗；而表述不严谨、四面透风的管理体制则会对执法、司法、守法和法治监督造成很多障碍，阻碍法治进程，损毁法治权威。第三，公正价值。公正是立法的本质价值属性，如同秩序价值具有的双重含义一样，主管部门条款的公正价值也可以分成两个层面：一是指该类条款科学、合理、规范地设置能够保证执法主体有法可依、有据可循，通过执法是实现法律正义；二是指地方立法过程中，行政职权职责的配置要体现公正性和适当性。第四，法治价值，地方立法中行政职权职责的分配、明确要有法律依据，要么是宪法、地方组织法的相关规定，要么是上位法的相关规定，以此实现地方立法对宪法、组织法的贯彻落实、一脉相承和法律体系的和谐统一。"〔1〕

　　在地方立法活动中，有学者提出："立法中主管机关条款的预期功能至少包括：第一，明确执法主体，推动法的运行。职权法定是行政机关实施管理的基本原则。主管机关条款最直接的目的是确定谁来执行这部立法，为相应的主体正确实施、执行立法提供依据。第二，厘清职责划分、落实主体责任。各部门之间只有权力清晰、职责明确、协作配合、互相协调，才有可能实现有效管理，否则将严重妨碍行政活动的正常进行和治理目标的有效实现。第三，凝结执法力量，建立协调机制。一部立法的实施往往涉及多个行政部门的职责，互不隶属的部门之间如何在一个有交集的领域形成合力，同样是立法要切实解决的问题。第四，完善治理结构，引领具体制度。治理结构是政府及其他公共组织在履行职

────────────

〔1〕　冯威："关于地方立法中'主管机关'条款的思考"，载鲁粤地方立法学研究会2018年年会《新时代地方立法的创新与发展论文集》，第208～210页。

责、实现公共目标过程中的制度安排。"[1]

本条的直接法律依据是《森林防火条例》第5条的规定。《森林防火条例》第5条第3、4款规定："县级以上地方人民政府林业主管部门负责本行政区域森林防火的监督和管理工作，承担本级人民政府森林防火指挥机构的日常工作。县级以上地方人民政府其他有关部门按照职责分工，负责有关的森林防火工作。"结合韶关市实际，野外用火监管工作以林业、农业和环境保护部门为主。其他有关部门应当在本级人民政府的领导下，服从本级森林防火指挥机构的统一指挥，按照统一部署，根据分工，各负其责，密切配合，共同履行好野外用火管理和森林防火职责。

野外用火管理工作中，政府各部门所承担的职责是不同的。根据《管理条例》的相关规定，林业行政主管部门、农业行政主管部门、市容环境卫生行政主管部门和生态环境保护行政主管部门要承担主要的职责。这四个部门分别在森林防火区、农业生产生活区和城镇居住区担负起监管责任。

（一）林业行政主管部门的职责

（1）对森林防火工作负有组织协调、指导和监督责任；

（2）健全森林防火制度，协调有关部门和单位，拟定森林防火规划，制定森林防火措施，进行森林防火宣传教育；

（3）防火期内做好防火值班、调度和报告工作；

（4）编制森林防火规划，组织、协调搞好森林防火设施建设和设备配置；

（5）依法办理涉及森林防火的行政许可和审批，具体实施森林防火监督检查工作，并依法查处违法违规行为；

（6）进行森林火灾统计，建立火灾档案；

（7）森林防火区内防火标识标志的设置、检查；

---

[1] 冯威："关于地方立法中'主管机关'条款的思考"，载鲁粤地方立法学研究会2018年年会《新时代地方立法的创新与发展论文集》，第208~210页。

（8）法律法规规章规定的其他职责。

（二）农业行政主管部门的职责

（1）对农业生产生活区的防火工作负有组织协调、指导和监督责任；

（2）协调有关部门和单位，拟定森林防火规划，制定森林防火措施，进行森林防火宣传教育；

（3）制定政策，引导农业经营企业及经营者利用秸秆腐化、氨化等技术综合利用秸秆，引导农民走秸秆腐化、氨化等技术综合利用之路，减少秸秆的焚烧；并将秸秆利用的技术、设备、项目纳入资金扶持范围；

（4）鼓励农业生产者和经营者采用先进技术收集田基、荒地的草木，进行移除处理和回收利用；

（5）依法办理涉及森林防火的行政许可和审批，具体实施森林防火监督检查工作，并依法查处违法违规行为；

（6）农业生产生活区内防火标识标志的设置、检查；

（7）法律法规规章规定的其他职责。

（三）市容环境卫生行政主管部门职责

市容环境卫生行政主管部门在野外防火管理工作的职责包括市容管理和环境卫生管理两大方面，具体职责如下：

（1）对城区野外用火行为进行监督管理；

（2）城市公园、绿地、花园等设置禁火标志标识，检查防火设施；

（3）清理、整顿城乡生活垃圾和工业垃圾，制止随意焚烧垃圾行为；

（4）其他涉及野外用火行为的管理。

《管理条例》所称环境卫生管理，是指为了维护城市道路、街巷、公共场所等区域的环境整洁，实施生活垃圾等废弃物的收集、运输、处置以及环境卫生设施规划建设所进行的管理活动。

（1）对农业生产生活区的防火工作负有组织协调、指导和监督责任；

（2）协调有关部门和单位，拟定森林防火规划，制定森林防火措施，进行森林防火宣传教育；

（3）制定政策，引导农业经营企业及经营者利用秸秆腐化、氨化等技术综合利用秸秆，引导农民走秸秆腐化、氨化等技术综合利用之路，减少秸秆的焚烧；并将秸秆利用的技术、设备、项目纳入资金扶持范围；

（4）鼓励农业生产者和经营者采用先进技术收集田基、荒地的草木，进行移除处理和回收利用；

（5）依法办理涉及森林防火的行政许可和审批，具体实施森林防火监督检查工作，并依法查处违法违规行为；

（6）农业生产生活区内防火标识标志的设置、检查；

（7）法律法规规章规定的其他职责。

（四）生态环境保护行政主管部门的主要职责

（1）野外用火引起大气污染的环境监测、监督管理与综合防治工作；

（2）对焚烧垃圾等物造成大气污染的行为进行处罚。

（五）发展和改革部门的职责

负责节能综合协调工作。组织拟订发展农用秸秆循环经济、全社会能源资源节约和综合利用规划及措施并协调实施；协调生态建设、能源资源节约和综合利用的重大问题，综合协调环保产业和清洁生产促进有关工作。组织制定全县科技发展规划和计划；组织秸秆技术引进、消化吸收和推广、减少农民直接焚烧秸秆的可能性。

（六）公安部门的职责

涉及《管理条例》野外用火管理职责的公安部门主要有交通警察部门和治安警察部门。其主要职责是查处易燃易爆，诸如烟花爆竹等火种物资以及运输安全等。

交通警察部门主要职责是：依照国家有关交通安全管理的法律、法规，对道路、行人车辆和驾驶人员进行管理；防止和处理交通事故；开展交通安全的宣传教育；维护交通秩序，保障交通安全和道路畅通。烟花爆竹运输首先涉及运输道路交通安全，"保持交通安全和道路畅通"是公安交警部门首要职责。如果在运输过程中发生烟花爆竹燃烧或爆炸事故，及时疏通交通及保证其他运输车辆的安全尤为重要。

公安交警无论是在对道理安全交通进行执法检查，还是与其他政府职能部门对烟花爆竹生产经营场所进行执法检查，都必须应当严格按照《道路交通安全法》《道路交通安全法实施条例》等法律法规以及《安全规范》和《安全技术规程》履行职责，将烟花爆竹安全隐患消灭在运输环节。烟花爆竹燃放行为不当，可能造成人员伤亡、火灾等安全事故，甚至对公共安全构成严重威胁。如果燃放烟花爆竹行为所造成的社会危害性较小，不构成刑事犯罪、但触犯了《治安管理处罚法》的，治安警察应当依据该法律对相关责任人给予相应的行政处罚；如果燃放行为造成了严重的社会危害，构成犯罪的，应当依据《刑法》对犯罪嫌疑人追究相应的刑事责任。《治安管理处罚法》第 2 条规定："扰乱公共秩序，妨害公共安全，侵犯人身权利、财产权利，妨害社会管理，具有社会危害性，依照《中华人民共和国刑法》的规定构成犯罪的，依法追究刑事责任；尚不够刑事处罚的，由公安机关依照本法给予治安管理处罚。"

（七）应急管理部门的职责

根据 2007 年 8 月 30 日第十届全国人民代表大会常务委员会第二十九次会议通过的《突发事件应对法》和 2006 年国务院出台的《国家处置重、特大森林火灾应急预案》，按照该法的规定，应急管理部门的职责是：①突发事件的预防与应急准备、监测与预警、应急处置与救援、事后恢复与重建等应对活动；②预警、监测、信息报告和处理、森林火灾评估、森林火灾扑救、森林火灾扑火力量和救援、扑火物资储备保障、责任追究等。

（八）交通运输部门的管理职责

野外用火的起因有些是因为燃放烟花爆竹。交通运输部门的职责主要是涉及运输烟花爆竹的安全问题。烟花爆竹交通运输安全既涉及烟花爆竹货物运输过程中安全问题，也涉及其他货物或旅客运输过程中非法装运或携带烟花爆竹的道路运输安全问题。这就要求交通运输管理部门认真履行其职责，在规划好烟花爆竹道路运输线路的同时，对包括烟花爆竹货物运输车辆在内的各种货物或旅客运输车辆进行安全检查，彻底消除交通运输安全隐患，确保交通运输生命线安全、畅通。

（九）民政部门的职责

民政部门在野外用火管理工作的主要职责是：①组织协调森林灾害救灾减灾工作；②组织森林灾害救助应急体系建设；组织检查统计上报并统一发布灾情；指导灾民转移安置；申报、管理、分配救灾资金并监督使用；③组织、指导森林火灾的救灾拓展工作；指导生活类救灾物资的储备和发放工作；承担减灾部门的具体工作。④指导城乡基层政权森林防火等建设工作；指导村（居）民委员会在野外用火方面的民主管理和民主监督工作；⑤贯彻执行国家殡葬管理；推进殡葬改革和祭祀方式转变。

（十）气象部门的职责

气象部门负责森林防火气象监测，发布森林火险等级预报和火险警告信号；在重、特大森林火灾发生时，通过移动监测系统提供火灾现场附近得气象要素实况和未来气象条件预测，在有作业条件的情况下开展人工增雨作业；同时在发生森林火灾造成大量灾民需要紧急转移时，负责灾民安置场所和路线等情况的检测和指导。

只有各个部门严格履行各自的职责，通力合作，才能严防控制野外用火，严防各种火灾。

第六条　［乡镇职责］

乡镇人民政府、街道办事处应当加强野外用火的日常监督管理，按照森林防火责任规定，做好森林防火工作，指导、支持和帮助村民委员会、居民委员会开展群众性的消防工作。

村民委员会、居民委员会应当依法确定消防安全管理人，组织制定防火安全公约，进行防火安全检查。

［导读与释义］

本条是《管理条例》关于乡镇人民政府和街道办事处加强野外用火的日常监督管理职责的规定。乡镇人民政府和街道办事处的职责是进行野外用火的日常管理，安排、配置消防安全管理人员，组织和指导村委会、居委会等群众自治性组织加强在野外用火方面的自我管理和民主管理，引导两者制定关于防火方面的村规民约，建立和完善村民、居民野外用火的日常管理制度，对村民和居民的野外用火习惯、方式、特点等情况进行摸底、清查，并加强防范工作。

作为基层政权，乡镇人民政府、街道办事处应当指导、支持和帮助村民委员会、居民委员会开展群众性的消防工作。村民委员会、居民委员会应当确定消防安全管理人，进行防火安全检查。乡镇人民政府、街道办事处应当加强野外用火的日常监督管理，与主要林区管理、经营等单位签订野外用火安全责任书。

本条的直接根据是：《消防法》第32条、《广东省森林防火条例》第7条第2款。

《消防法》第32条："乡镇人民政府、城市街道办事处应当指导、支持和帮助村民委员会、居民委员会开展群众性的消防工作。村民委员会、居民委员会应当确定消防安全管理人,组织制定防火安全公约,进行防火安全检查。"

《广东省森林防火条例》第7条第2款规定:"森林、林木、林地的经营单位和个人,以及森林防火区内的工矿企业等相关单位,负责其经营范围内的森林防火工作,承担森林防火责任。"

(一)乡、镇人民政府和街道办事处的管理职责

《宪法》第30条第1款规定:"中华人民共和国的行政区域划分如下:(一)全国分为省、自治区、直辖市;(二)省、自治区分为自治州、县、自治县、市;(三)县、自治县分为乡、民族乡、镇。"根据本条的规定,我国的行政区域一般分为以下三个层级:一是省级行政区划,即省、自治区和直辖市;二是县级行政区划,包括县、自治县、不设区的市、市辖区;三是乡级行政区划,包括乡、民族乡、镇。而在设立自治州和设区市的地方行政区域,行政区划则是分为四个层级:一是省、自治区;二是自治州、设区的市;三是县、自治县、不设区的市、市辖区;四是乡、民族乡、镇。实际上,如今大多数地方的行政区划都是分为四个层级。可见,在我国,乡、镇人民政府是最低层次行政机关,行使一个层级人民政府法定职权。

现行的《地方组织法》第61条对乡、镇人民政府的职责作了明确规定,其具体内容如下:"乡、民族乡、镇的人民政府行使下列职权:(一)执行本级人民代表大会的决议和上级国家行政机关的决定和命令,发布决定和命令;(二)执行本行政区域内的经济和社会发展计划、预算,管理本行政区域内的经济、教育、科学、文化、卫生、体育事业和财政、民政、公安、司法行政、计划生育等行政工作;(三)保护社会主义的全民所有的财产和劳动群众集体所有的财产,保护公民私人所有的合法财产,维护社会秩序,保障公民的人身权利、民主权利和其他权利;(四)保护各种经济组织的合法权益;(五)保障少数民族的权利和尊重少数民族的风俗

习惯；（六）保障宪法和法律赋予妇女的男女平等、同工同酬和婚姻自由等各项权利；（七）办理上级人民政府交办的其他事项。"

街道办事处的性质不同于乡、镇人民政府。《地方组织法》第68条规定："省、自治区的人民政府在必要的时候，经国务院批准，可以设立若干派出机关。该县、自治县的人民政府在必要时，经省、自治区、直辖市的人民政府批准，可以设若干区公所，作为它的派出机关；市辖区、不设区的市的人民政府，经上一级人民政府批准，可以设立若干街道办事处，作为它的派出机关。"可见，与乡、镇人民政府不同，街道办事处不是一级行政区划，是市辖区、不设区的市的人民政府的派出机关。

街道办事处主要成立于20世纪50年代，是由国家政府专门通过合理的管理机关所成立的一种专门针对人民意见以及人民治安的管理团队。街道办事处主要是通过调解民间纠纷以及缓解民间的人民矛盾，尽可能地提升人民的生活水准和减少人民在日常生活中出现的问题。现在街道办事处已经成为我们国家最广泛的管理机关，通过最贴近民意的调查，可以充分地反映民间的真实情况，并且可以充分地获得人民的意见，从而能够更好地改善我们国家的现有制度。并且现在的街道办事处通过利用更好的党员代表以及党员投票制度可以使得民间人民充分地发挥自己的投票表决权，从而充分地享受自己的权利来参与中国党政的选举，所以现在街道办事处已经成为一个全方位的综合性管理职能部门。[1]

街道办事处虽然不是一级政府组织，但是它作为政府组织系统的基层行政机构是直接面对社会的。它在党委、政府的领导下，贯彻执行党的路线、方针、政策和国家的各项法律、法规，负责街区内的地区性、群众性、公益性、社会性的工作。街道办事处是市辖区人民政府或不设区的市人民政府的派出机构，受市辖区人民政府或不设区的市人民政府领导，行使市辖区或不设区的市人民政府赋予的职权。基本职能是：①贯

---

　　[1] 张莹："对我国街道办事处社会管理职能定位的思考"，载《中小企业管理与科技（中旬刊）》2019年第5期，第112页。

彻执行党和国家的路线方针、政策以及市、区关于街道工作方面的指示，制订具体的管理办法并组织实施；②指导、搞好辖区内居委会的工作，支持、帮助居民委员会加强思想、组织、制度建设，向上级人民政府和有关部门及时反映居民的意见、建议和要求；③抓好社区文化建设，开展文明街道、文明单位，文明小区建设活动，组织居民开展经常性的文化、娱乐、体育活动；④负责街道的人民调解、治安保卫工作，加强对违法青少年的帮教转化，保护老人、妇女、儿童的合法权益；⑤协助有关部门做好辖区拥军优属、优抚安置、社会救济、殡葬改革、残疾人就业等工作；积极开展便民利民的社区服务和社区教育工作；⑥会同有关部门做好辖区内常住和流动人口的管理及计划生育工作，完成区下达的各项计划生育指标任务；⑦协助武装部门做好辖区民兵训练和公民服兵役工作；⑧负责在辖区开展普法教育工作，做好民事调解，开展法律咨询、服务等工作，维护居民的合法权益，搞好辖区内社会管理综合治理工作；⑨负责本辖区的城市管理工作，发动群众开展爱国卫生运动，绿化、美化、净化城市环境，协助有关部门做好环境卫生、环境保护工作；⑩负责本辖区的综合执法工作，维护辖区的良好秩序；⑪负责研究辖区经济发展的规划，协助有关部门抓好安全生产工作；⑫配合有关部门做好辖区内的三防、抢险救灾、安全生产检查、居民迁移等工作；⑬承办区委、区政府交办的其他工作。

无论是一级人民政府，还是上级人民政府派出机关，乡、镇人民政府和街道办事处除了认真履行自身的职责之外，还必须认真办理上级人民政府交办的工作，其中协助上级人民政府工作是其重要的职责内涵。《安全生产法》第8条第3款规定："乡、镇人民政府以及街道办事处、开发区管理机构等地方人民政府的派出机关应当按照职责，加强对本行政区域内生产经营单位安全生产状况的监督检查，协助上级人民政府有关部门依法履行安全生产监督管理职责。"

（二）村民委员会

按照《村民委员会组织法》规定：村民委员会是村民自我管理、自我教育、自我服务的基层群众性自治组织，实行民主选举、民主决策、民主管理、民主监督。村民委员会办理本村的公共事务和公益事业，调解民间纠纷，协助维护社会治安，向人民政府反映村民的意见、要求和提出建议。《村民委员会组织法》关于村委会职责的规定主要是第7、8、9、10条。第7条："村民委员会根据需要设人民调解、治安保卫、公共卫生与计划生育等委员会。村民委员会成员可以兼任下属委员会的成员。人口少的村的村民委员会可以不设下属委员会，由村民委员会成员分工负责人民调解、治安保卫、公共卫生与计划生育等工作。"第8条："村民委员会应当支持和组织村民依法发展各种形式的合作经济和其他经济，承担本村生产的服务和协调工作，促进农村生产建设和经济发展。村民委员会依照法律规定，管理本村属于村农民集体所有的土地和其他财产，引导村民合理利用自然资源，保护和改善生态环境。村民委员会应当尊重并支持集体经济组织依法独立进行经济活动的自主权，维护以家庭承包经营为基础、统分结合的双层经营体制，保障集体经济组织和村民、承包经营户、联户或者合伙的合法财产权和其他合法权益。"第9条："村民委员会应当宣传宪法、法律、法规和国家的政策，教育和推动村民履行法律规定的义务、爱护公共财产，维护村民的合法权益，发展文化教育，普及科技知识，促进男女平等，做好计划生育工作，促进村与村之间的团结、互助，开展多种形式的社会主义精神文明建设活动。村民委员会应当支持服务性、公益性、互助性社会组织依法开展活动，推动农村社区建设。多民族村民居住的村，村民委员会应当教育和引导各民族村民增进团结、互相尊重、互相帮助。"第10条："村民委员会及其成员应当遵守宪法、法律、法规和国家的政策，遵守并组织实施村民自治章程、村规民约，执行村民会议、村民代表会议的决定、决议，办事公道，廉洁奉公，热心为村民服务，接受村民监督。"

我国的村民委员会的形成最早可以追溯到中华人民共和国成立初期。"1949年以来，我国农村基层管理体制大体经历了乡政并立、人民公社与村民自治三个重要阶段。1950 年我国设立行政村一级政权，与乡同级。此后随着农业合作化的兴起发展，村政权逐渐被合作社的组织形式所替代。1958 年开始实行'政社合一'的人民公社制度，国家权力全面控制乡村社会。改革开放后，随着农村家庭联产承包制的推广，农村开始实行村民自治制度。1980 年广西合寨选举产生第一个村民委员会。1982 年宪法首次确认'村民委员会'这一组织形式。此后，1998 年《中华人民共和国村民委员会组织法》历经 2010 年与 2018 年两次修订，进一步明确了村委会性质、地位、职责和组织架构等，为我国村民自治制度提供了法律依据与保障。"[1]

而现行的农村村民自治制度是在人民公社制度解体与家庭联产承包责任制兴起的情况下产生与形成的。人民公社时期实行"三级所有，队为基础"的"政社合一"体制，实现了农村基层社会、生产与政权单位的三者合一。20 世纪 70 年代末我国开始逐步实行家庭联产承包责任制，村委会应运而生。相应地，农村基层管理体制发生变化，人民公社、生产大队与生产队分别改为乡镇政府、村民委员会与村民小组。村委会成为人民公社解体后填补农村基层政权真空的替代者，在一定意义上发挥了基层政权的替代作用。值得注意的是，村民自治制度下我国农村资产的集体所有制性质并没有改变，改变的只是经营方式及集体资产所有权主体的代表形式（由人民公社变为村委会）。因此村民自治制度与我国历史上"乡绅自治"以及西方国家的乡村自治有着本质区别，是一种建立在农村集体产权经济基础上的"深度自治"类型。相应地，村委会在具体的职能、权力等方面承袭了人民公社时期"政社合一"体制的"遗传因子"而产生经济职能、社会职能、自治职能的交叉，具有农村集体资产的自治管理权与有限的行政权。村委会作为一个自治组织，却具备了"准行政化"的特征，成为"村民与政府双重代理人"。虽然我国农村的

---

[1] 李渡、汪鑫："论村民委员会'依法行权'的现实困境与治理路径——析'村治'法治化与乡村振兴战略互动共维关系"，载《山东社会科学》2019 年第 7 期，第 82~83 页。

经济与政治制度进行了改革，但最本质的经济基础的性质——集体所有制并没有发生改变，因此形成村民自治制度与农村既有的集体所有权制度并存的局面。[1]

根据我国《宪法》和《村民委员会组织法》等法律规定，农村村委会的权力主要包括两部分：①自治权，即管理本村事务（村务）的权力。一是管理农村公共事务和维护公共秩序，二是经营、管理农村集体财产，即三资管理。②有限的行政权，即根据法律、法规授权或政府委托而行使的有限行政管理权。根据《村民委员会组织法》第 5 条的规定，村委会协助乡镇政府开展工作。这里的"协助"，一种是法律法规未授权，而直接由乡镇政府委托行使行政权；另一种是法律法规授权的行政管理权。因此，根据法律规定村委会的权力同样具有自治与行政管理的双重权力特征。[2]这是村民委员会的特殊性。

从上述学者的论述可以得出：无论在法律规范还是实践运行上，村委会除了担负着农村基层自治的职能外，还承担着一部分国家行政管理的职能，其中包括自主管理村集体生产资料的权力。这种双重角色导致村委会成为"准政府组织"，并使其不可能不行政化，继而村委会具有自治与行政管理的双重权力。对村委会这种特殊的权力性质，我们称其为一种"准行政化权力"。[3]

（三）居委会的职责

1989 年制定的《城市居民委员会组织法》经过多次修订，2018 年 12月 23 日在第十三届全国人民代表大会常务委员会第七次会议上通过了最新修正案。根据该法的精神，居民委员会是居民自我管理、自我教育、

---

〔1〕 李渡、汪鑫："论村民委员会'依法行权'的现实困境与治理路径——析'村治'法治化与乡村振兴战略互动共维关系"，载《山东社会科学》2019 年第 7 期，第 82~83 页。

〔2〕 李渡、汪鑫："论村民委员会'依法行权'的现实困境与治理路径——析'村治'法治化与乡村振兴战略互动共维关系"，载《山东社会科学》2019 年第 7 期，第 82~83 页。

〔3〕 李渡、汪鑫："论村民委员会'依法行权'的现实困境与治理路径——析'村治'法治化与乡村振兴战略互动共维关系"，载《山东社会科学》2019 年第 7 期，第 82~83 页。

自我服务的基层群众性自治组织。其职责是：①宣传宪法、法律、法规和国家的政策，维护居民的合法权益，教育居民履行依法应尽的义务，爱护公共财产，开展多种形式的社会主义精神文明建设活动；②办理本居住地区居民的公共事务和公益事业；③调解民间纠纷；④协助维护社会治安；⑤协助人民政府或者它的派出机关做好与居民利益有关的公共卫生、计划生育、优抚救济、青少年教育等项工作；⑥向人民政府或者它的派出机关反映居民的意见、要求和提出建议。

在野外用火管理活动中，村委会和居委会的重要职责是以下几个方面：第一，村委会选派或制定野外用火监督管理人员，对合理合法的野外用火的通报进行备案、登记、监督和管理。因为，《管理条例》从实际出发，尊重当地农民沿袭几千年来的农耕特点，特意为正当而必需的农事用火行为作出了例外的规定，《管理条例》第10条第1款规定："农业生产生活区内禁止下列野外用火行为：（一）焚烧秸秆、田基草、果园草等；（二）焚烧垃圾；（三）烧野蜂、熏蛇鼠等；（四）其他容易引起火灾和大气污染的用火行为。"同时，第10条第2款规定："确因农业生产需要焚烧秸秆、田基草、果园草等，用火单位或者个人应当提前三天向所在地的村民委员会报告。用火单位或者个人应当指定专人监管用火现场，事先开设防火隔离带，在气象条件为森林火险等级三级及以下用火；用火结束后，应当检查清理火场，确保明火和火星彻底熄灭，严防失火。"由此可见，村委会需要选派专人负责正当合法的农事用火的备案、监督和检查工作。一般可以由村主任兼任。对应的，城区的居委会的职责是选派专人负责消防安全监管人员，城区的消防责任重大，一般可由居委会主任兼任。第二，制定野外用火安全公约或消防安全公约。村委会可以就野外用火安全问题组织村民制定适用于本村的村规民约，加强野对外用火行为的自我约束，提高防范森林火灾的意识，防止火灾发生。居委会可以组织居民制定消防安全公约，提高安全意识，加强自我管理，严防火灾发生。第三，无论是村委会还是居委会都要有强烈的防火思想准备。村委会在平时的农业生产中，特别是在高森林火险的特殊时段，一定要进行防火安全检查，把火患消灭在萌芽状态。居于城区的居委会，更要有火灾忧患意识，一刻不能放松，每天都要提高警惕，经常性地组织巡查消防安全设施设备，谨防火灾发生。

第七条 ［单位和个人防火职责］

森林、林木、林地的经营单位和个人，以及森林防火区内的工矿企业等相关单位，应当根据实际情况配备护林人员，负责其经营范围内的森林防火工作，承担森林防火责任。

［导读与释义］

本条是关于森林、林地经营单位或个人应承担森林防火责任，根据实际情况配备森林防火人员的规定。

从现实情况来看，森林、林木、林地、荒山以及荒地等的生产经营者有单位和个人，有国企和私企，有合伙和个体，作为生产经营者也需要承担防火责任和任务，这是与其自身利益相关。所以，《管理条例》规定：森林、林木、林地的经营单位和个人，以及森林防火区内的工矿企业等相关单位，应当根据实际情况配备护林人员，负责其经营范围内的森林防火工作，承担森林防火责任，共同参与到野外用火的管理工作中去，形成禁火合力。

本条的直接法律依据是《广东省森林防火条例》第 7 条，并参照《江苏省〈森林防火条例〉实施办法》第 7 条第 2 款规定制定本条例。

《广东省森林防火条例》第 7 条规定："村民委员会、居民委员会应当根据森林防火需要组织制定村规民约、居民公约，采取措施预防森林火灾，并协助做好森林火灾应急处置工作。森林、林木、林地的经营单位和个人，以及森林防火区内的工矿企业等相关单位，负责其经营范围内的森林防火工作，承担森林防火责任。"

参照《江苏省〈森林防火条例〉实施办法》第 7 条第 2 款规定："林

区基层单位应配备足够力量的护林员，划定护林范围。护林员在森林防火方面的具体职责是：巡护山林，管理野外用火，及时报告火情，协助有关机关查处森林火灾案件。"

本条的主旨是确定森林、林木、林地、荒山以及荒地等的生产经营者有单位和个人在野外用火管理中的责任和义务。森林、林木、林地、荒山以及荒地等的生产经营者有单位和个人，无论是自有还是承包，都与防火安全息息相关，所以，必须加入野外用火的监管工作，并承担起各自的责任。一旦失火，造成损失的是生产经营单位和个人。由于，森林、林地的面积广、范围大，野外用火行为防不胜防，所以，《管理条例》吸纳了护林实践经验，要求森林、林木、林地、荒山和荒地等的生产经营单位和个人以及森林防火区内的工矿企业等相关单位，应当根据实际情况配备护林人员，进行日常巡查，这样，才能有效地防范火灾发生。

1987年3月7日广东省第6届人民代表大会常务委员会第25次会议通过《广东省森林管理实施办法》，其中，第2条第2款规定："乡、镇人民政府设专职或兼职人员负责林业工作。"第14条第1款规定："各级人民政府应建立健全护林防火指挥部。护林防火指挥部由人民政府的负责人担任指挥，有关部门派员参加，日常工作由林业主管部门（或设立指挥部办公室）负责。"第15条规定："加强护林工作。国营林业局（场）、自然保护区应配备专职护林员。乡、镇人民政府根据实际需要配备专职或兼职护林员和设立护林站，建立群众性的护林制度，经村民代表会议讨论制定护林公约。集体林区护林员的报酬由当地村民自筹和地方补贴。"第17条第1、2、3款规定："采伐森林和林木必须依法申请采伐许可证。核发采伐许可证的部门，根据采伐申请，应在一个月内办理完毕，并张榜公布。对采伐的森林、林木，由当地护林员或林政管理员负责检查验证。"

护林员是指巡护森林的人员。其职责是加强对林区火源的管理，及时报告火情，制止破坏森林资源的行为；对造成森林资源损失的，护林员有权建议有关部门处理；发生森林火灾，协助办案机关查处火灾案件。护林员分为自然村级护林员、行政村级护林员、林场护林员和国际专业护林员等。护林人员的职责：①明确职责，积极肯干；②按时上下班，做好责任山场竹木的守护巡查；③熟悉和掌握分管山场情况，每月对巡山护林、失盗木竹情况进行自查登记，做到心中有数；④认真做好看护山场的防火工作，加强巡视和防范，及时消除火灾隐患；⑤对分管责任山场出现失盗情况，要及时反映汇报，保护现场，摸清情况，主动配合有关部门查明失盗原因。⑥检查野外用火的禁止性标识标志是否设置。目前，广东省各地的林场、林地和个体育林区等基本上设置了专业或业余护林员。有些是政府聘请，并发给固定工资；有些是私人聘任，薪酬自负。

人工巡查护林具有很大的局限性，第一，视野狭窄，不易发现火灾隐患；第二，山林、山路崎岖，交通不便，人员、物资等移动速度慢；第三，检测监控范围小；第四，一旦发生火情，力量薄弱。最近几年来，随着人工智能在我国的快速发展，无人机广泛应用于国民经济建设。有条件的地方和单位可以利用航空护林。例如：应急管理部南方航空护林总站（以下简称南航总站）是国家森林防火指挥部、国家林业局对我国南方地区森林防火工作实施监督、检查、协调、服务职责的延伸机构，履行着森林航空消防、森林防火协调、卫星林火监测、防火物资储备、森林航空消防培训五项职能。南航总站业务管理范围包括云南、四川、重庆、贵州、西藏、广西、广东、江西、河南、湖北、湖南、上海、江苏、浙江、安徽、福建、山东、海南18省（区、市），护区内各省（区、市）国土面积共计418.07万平方公里。目前在滇、川、桂、赣、豫、粤、渝、鲁、湘、鄂、浙、黔等12省（区、市）开展森林航空消防业务工作（其中贵州于2008年停航），已开航省份森林航空消防覆盖面积约254.46万平方公里，约占南方18个省（区、市）国土总面积的60.87%。森林航空消防主要业务手段有：巡逻报警、机降扑火、索降扑火、滑降扑火、吊水洒水灭火、机腹洒水灭火、火场侦察、空投空运、空中指挥、空视防火、地空演练、防火宣传、应急救援、观察培训等。[1]

广东省航空护林站（与广东省林火卫星监测中心合署）是广东省应急管理厅直属事业单位。承担的主要任务是：接受委托承担森林消防航空任务；协助承担我省森林消防航空飞行活动的组织、协调、指挥工作；拟定森林航空灭火方案；参与广东省森林消防航线规划；承担森林火险预警监测、林火远程监控、森林防灭火无线电通信系统和森林防灭火指挥信息系统的建设与管理工作；承担森林防灭火值班调度工作，处理实时接收的卫星云图和森林火情信息传递；协助承担森林防灭火应急物资采购、保管、维护和发放工作。[2]

由此可见，单纯地依靠人力来防火是不够的，必须借助于科技进步，运用科技力量，增加科技装备，才能更好地防火。

森林、林木、林地的经营单位和个人，以及森林防火区内的工矿企业等相关单位，是森林资源的直接受益者，理应承担相应的防火责任。最近十几年来，随着我国保险行业的快速发展，林木、林地的保险险种产生。加之，许多林业生产者对保险业务知识的了解和增长，他们开始瞄准了新兴的林业保险，以应对森林火灾给自己造成的损失。由此，有些林业生产者，把赌注压在森林火灾保险上，一旦购买了火灾险，就万事大吉，不再在护林方面投入人力物力。这种做法和倾向是有害的。须知林业保险只是把林业经营中的风险转移，而不是真正地防范和减少森林大火。因此，本法在未来实施过程中，还必须进一步地细化，制定相应的实施细则，落实森林、林木、林地的经营单位和个人，以及森林防火区内的工矿企业等相关单位的责任。

---

〔1〕 中国林业网 http://www.forestry.gov.cn/，访问日期：2019年4月23日。

〔2〕 中国政府网 http://yjgl.gd.gov.cn/jg/zssydw/content/post_ 2589148.html，访问日期：2019年8月24日。

第八条 ［普法宣传］

各级人民政府应当开展有关法律法规的宣传教育活动，普及野外用火安全和森林防火专业知识。

新闻、文化、教育、交通、旅游、民政等部门应当做好规范野外用火和森林防火宣传教育工作。广播、电视、报刊、互联网等新闻媒体应当播放或者刊登野外用火管理和森林防火公益广告。

中小学校应当开展野外用火安全和森林防火专题宣传教育。家庭应当加强对未成年人的消防安全教育。

［导读与释义］

本条是关于各级政府、新闻媒体、文化教育、交通旅游、民政等部门在普及本法以及相关法律法规的责任；中小学校和家庭在普及本法以及相关法律法规的义务。

韶关市、韶关市下属三区六县（含县级市）、乡镇人民政府以及街道办应当开展本条例的宣传教育活动，普及森林防火相关法律、法规和森林防火安全知识。各级人民政府在开展有关法律法规的宣传教育活动，普及野外用火安全和森林防火专业知识活动中负有首要职责。

林业、公安、气象、文化、教育、交通运输、旅游、民政、宗教等单位和工会、共青团、妇联等群众团体应当采取多种形式，做好《管理条例》和森林防火宣传教育。报纸、广播、电视、政府网站等有关媒体单位，应当有针对性地面向社会进行本条例和森林防火宣传教育。

新闻、文化、教育、交通、旅游、民政等部门应当做好规范野外用火和森林防火宣传教育工作。广播、电视、报刊、互联网等新闻媒体应当播放或者刊登野外用火管理和森林防火公益广告。

中小学校应当经常性地开展野外用火安全和森林防火专题宣传教育。家庭应当加强对未成年人的消防安全教育，教育引导孩子不违法用火，注意用火安全。

本条的直接法律依据是：《消防法》第6条、《广东省实施〈中华人民共和国消防法〉办法》第7条，并参照《广东省森林防火条例》第18条制定本条例。

《消防法》第6条规定："各级人民政府应当组织开展经常性的消防宣传教育，提高公民的消防安全意识。机关、团体、企业、事业等单位，应当加强对本单位人员的消防宣传教育。应急管理部门及消防救援机构应当加强消防法律、法规的宣传，并督促、指导、协助有关单位做好消防宣传教育工作。教育、人力资源行政主管部门和学校、有关职业培训机构应当将消防知识纳入教育、教学、培训的内容。新闻、广播、电视等有关单位，应当有针对性地面向社会进行消防宣传教育。工会、共产主义青年团、妇女联合会等团体应当结合各自工作对象的特点，组织开展消防宣传教育。村民委员会、居民委员会应当协助人民政府以及公安机关、应急管理等部门，加强消防宣传教育。"

《广东省实施〈中华人民共和国消防法〉办法》第7条规定："各级人民政府应当组织开展消防宣传教育活动，提高公民的消防安全意识，鼓励、支持个人参加消防志愿者组织和消防志愿服务活动，定期开展对政府及其有关部门消防安全责任人消防法律、法规等知识的培训。村民委员会、居民委员会应当组织开展多种形式的消防宣传教育活动，在公共场所设立消防宣传栏和消防安全标识。广播、电视、报刊、通信、网络等传播媒体应当无偿开展消防安全公益宣传，确保一定的消防公益宣传发布量。"

《广东省森林防火条例》第18条第1款规定："县级以上人民政府及其林业主管部门应当组织开展经常性的森林防火宣传教育工作，普及森林防火相关法律、法规和森林防火安全知识，提高全民的森林防火意识。"

本条共 3 款，第 1 款是规定韶关市各级人民政府在普法宣传工作中的职责。普法宣传是普及法律常识和法律专业知识宣传的简称。这是具有中国特色的在全体公民中进行大规模普及法律知识的宣传教育活动。目的是使全体公民接受法制教育、增强法制观念，形成知法守法和依法办事的行为习惯。也是法治社会法治国家建设的一个必要的组成部分。普法活动始于 20 世纪 80 年代中期，1985 年 11 月 5 日，中共中央、国务院批转中共中央宣传部、司法部《关于向全体公民基本普及法律常识的五年规划》的意见后，五年一届的普法活动在全国普遍开展起来。普法活动除了向全体公民开展一般性的法律常识宣传教育外，各地区、各部门还可以根据不同地区、不同对象的需要，选择有关法律常识进行宣传。目前，我国已经进入了第六个五年普法阶段。"谁执法谁普法"工作机制是在我国"六五"普法规划中首次明确提出的。党的十八届四中全会上也提出，实现国家机关"谁执法谁普法"的普法责任制，建立行政执法人员、法官、检察官、律师等以案释法制度，加强普法讲师团、普法志愿者队伍建设。"谁执法谁普法"工作机制要求各部门各行业要按照该原则，积极面向社会开展本部门本行业相关法律法规的宣传普及工作，也就是要求实施法律的部门和机构承担起普法的任务和责任。从行政法角度而言，政府是主要的执法者。理应担当起最主要的普法任务。"谁执法谁普法"工作机制的优点是：第一，专业性和针对性强。执法部门对法律实施可能遇到的问题是比较熟悉和了解的，由专门的执法机关来普法，就具有针对性和专业性，做到有的放矢，提高普法的实效。增强目的性。第二，责任明确。"谁执法谁普法"工作机制充分利用各类法治宣传教育资源，强化和明晰各部门的普法宣传责任。做到权责分明。

根据本条第 1 款的规定，各级政府除了普法任务外，还要进行防火知识宣传和教育。防火知识宣传和教育非常重要。森林火灾是森林最可怕最危险且破坏极大的灾害，它会给森林带来毁灭性的损害，一旦发生难以扑救。所以，重在预防。预防的重点又在平时的宣传和教育。开展形式多样的森林防火宣传教育是预防森林火灾发生的一项重要工作，也是构建森林火灾群防体系最为重要、最为经常化的一项基础工作。只有坚持不懈地开展形式多样的宣传教育活动，才能不断提高林区群众的依法用火文明程度，才能构筑起牢固的群众性森林防火思想防线，有效控制森林火灾的发生。

2019 年中共中央国务院印发《新时代公民道德建设实施纲要》强调舆论具有成风化人、敦风化俗的重要作用。要坚持以正确的舆论引导人，把正确价值导向和道德要求体现到经济、社会、文化等各领域的新闻报道中，体现到娱乐、体育、广告等各类节目栏目中。加强对道德领域热点问题的引导，以事说理、以案明德，着力增强人们的法治意识、公共意识、规则意识、责任意识。发挥舆论监督作用，对违反社会道德、背离公序良俗的言行和现象，及时进行批评、驳斥，激浊扬清、弘扬正气。传媒和相关业务从业人员要加强道德修养、强化道德自律，自觉履行社会责任。[1]社会舆论，又称公共舆论或媒体舆论，主要是通过报刊、广播、电视、互联网及其他新媒体等新闻传媒以揭示和批评立法方面存在的问题的方式进行社会监督。新闻媒体的舆论监督具有广泛性、及时性等特点，是现代社会进行立法监督制约的强有力手段。[2]媒体舆论被称为"第四权力"，特别是在互联网和新媒体日益发达和普及的当今社会，媒体舆论呈裂变式传播、社会影响力巨大，甚至还有对普通公众的强大裹挟作用，因而对地方立法的监督制约作用无与伦比。特别是舆论关注的热点焦点问题，往往成为对相关立法活动进行专项审查或自行改正的

---

〔1〕　来源：人民网-人民日报 http://politics.people.com.cn/n1/2019/1028/c1001-31422612.html，访问日期：2019 年 10 月 28 日。

〔2〕　孙国华、朱景文主编：《法理学》（第 4 版），中国人民大学出版社 2015 年版，第 241 页。该部分内容由叶传星撰写。

重要动因，对及时纠正立法偏差有着巨大的推动作用。[1]

因此，充分利用广播、电视、报刊、互联网等新闻媒体、大众传媒，播放或者刊登野外用火管理和森林防火公益广告，发挥舆论监督作用，有助于形成人人遵守野外用火管理的良好氛围。

（一）森林火灾的知识

森林火灾知识包括以下几个方面：

1. 森林火灾的种类：划分森林火灾法种类的标准不一，根据森林火灾燃烧的中央地点，火势蔓延速度，森林受害部位和程度，大致可把森林火灾分为三大类：地表火、树冠火和地下火。地表火又叫地面火，指沿林地面扩展蔓延，烧毁地被物的火。地表火能烧毁地表 1.5 米以下的幼苗、幼树、灌木，烧伤乔木树干基部的树皮表层以及靠近地面的根系。林木受害后，能使长势减弱，容易引起病虫害的大量发生，严重影响林木的生长，木材材质变劣，有时甚至造成大片森林枯死。地表火遇强风或遇针叶幼树群、枯立木或低垂树枝等，火焰烧至树冠上部，并沿着顺风迅速扩展，而成为树冠火。树冠火经常与地表火同时发生，烧遍整个林分的地表的树冠，对森林的破坏性大，扑救比较困难。遇到此类火，一般不打，而是使用隔离带。

如果以受害森林面积大小为划分标准，森林火灾则分为以下四类：

（1）森林火警：受害森林面积不超过 1 公顷或者是其他林地起火的；

（2）一般森林火灾：过火森林面积在 1 公顷以上，100 公顷以下的；

（3）重大森林火灾：过火森林面积 100 公顷以上，1000 公顷以下的；

（4）特大森林火灾：过火森林面积在 1000 公顷以上的。

2. 引起森林火灾的原因主要有两个方面：自然火和人为火：

自然火主要有：强烈阳光下的自燃现象、雷雨天气条件下的雷电起火、高压电线起火等。自然火引发的森林火灾占全部森林火灾的比例较

---

〔1〕 李克杰："论我国设区的市地方立法的制约体系"，载鲁粤地方立法学研究会 2018 年年会《新时代地方立法的创新与发展论文集》，第 281 页。

小，据统计，由自然火引起的森林火灾仅占我国森林火灾总数的百分之一左右。

人为火包括以下几种：

（1）人为的故意纵火：丢弃烟头等明火、炸弹爆炸、焚烧可燃物、燃放爆竹礼花、点放孔明灯等。

（2）生产性火源：农业烧荒炼山用火，林副业生产用火，工矿运输生产用火等；生产性火源包括烧荒、烧垦、放炮采石等用火。控制这些火源，主要是严格执行野外生产性用火审批规定。森林防火重点期严格控制生产性用火，凡因生产需用火的单位或个人，必须按规定权限经过当地政府或森林防火办事机构的批准，严格遵守"六不烧"规定，即监管人不在场不烧；久旱无雨不烧；三级以上风不烧；没开好防火线不烧；没组织好扑火人员不烧；没准备好扑火工具不烧。

（3）非生产性火源：如野炊野餐、吸烟、烧火做饭、烧香点烛、取暖等；其中，在人为火源引起的火灾中，以开垦烧荒、吸烟等引起的森林火灾最多。在我国的森林火灾中，由炊烟、烧荒和上坟烧纸引起的火灾占了绝对多数。

森林火灾的影响要素：气温、干湿度和单位可燃的载量。

森林火灾危害大，扑灭困难，于是在火灾还在萌芽状态立即扑灭就显得尤为重要。森林火灾因为常常处在深山老林中，不易发现，故而发现火灾对于早扑灭火灾具有重要意义。

对于火灾的早发现，国内目前的技术方式有：

（1）兴建瞭望塔。瞭望台监测，通过瞭望台来观测林火的发生，确定火灾发生的地点，报告火情，它的优点是覆盖面较大、效果较好。存在的不足：是无生活条件的偏远林区不能设瞭望台；它的观察效果受地形地势的限制，有死角和空白，观察不到，对烟雾浓重的较大面积的火场、余火及地下火无法观察；雷电天气无法上塔观察；瞭望是一种依靠瞭望员的经验来观测的方法，准确率低，误差大。另外瞭望员人身安全受雷电、野生动物、森林脑炎等的威胁。

（2）建立视频监控系统。目前是国内主流的监控方式。这是传统城市监控的简单延伸，将采集视频图像通过微波汇总，由人工完成集中监视；人工监视易造成肉眼疲劳，视频中的火情不易被察觉，造成漏报；监控中心的视频线路较多，人工监视也无法一一监看，易造成漏报。所以，传统视频监控的最大缺点是漏报率非常高。传统视频监控是非数字化系统，许多智能应用无法实现。

（3）建立智能预警系统。这是森林防火的发展方向，实现森林防火的智能化，信息化。利用无缝融合智能图像识别技术、面向对象的 3D GIS 技术、大型网络监控技术等高新技术，利用多项专利技术，结合林业管理的专业知识和林业防火的经验，建立林业防火智能监测预警及应急指挥系统，从而实现林区视频的自动监控、烟火准确识别、火点精确定位、火情蔓延趋势推演、扑救指挥的辅助决策、灾后评估等多方面功能，建立森林防火的完整业务链，并针对性地解决用户的各种个性化需求。前端智能监控产品包括重型数字云台、基站智能控制箱、嵌入式的烟火识别智能处理器等；后端应用系统包括联网监控管理平台、基于 ArcGIS 平台的森林防火辅助决策及应急指挥系统。

（二）扑救森林火灾知识

1. 扑火时应如何强化安全措施。强化扑火组织。一是派有扑火经验的专业人士担任扑火指挥员。二是临时组织的扑火人员，必须专人人士指导和带领。三是明确扑火纪律和安全事项。四是检查扑火用品是否符合要求，扑火服是否宽松、阻燃。五是加强火情侦察，组织好火场通信、救护和后勤保障。六是从火尾入场扑火，沿着火的两翼火线扑打。七是不要直接迎风打火头，不要打上山火头，不要在悬崖、陡坡和破碎地形处打火，不要在大风天气下、烈火条件下直接扑火，不要在可燃物稠密处扑火。八是正确使用扑火机具。

2. 脱险自救方法。退入安全区。扑火队（组）在扑火时，要观察火场变化，万一出现飞火和气旋时，组织扑火人员进入火烧迹地、植被少、火焰低的地区。二是按规范点火自救。要统一指挥，选择在比较平坦的地方，一边按规范俯卧避险。发生危险时，应就近选择植被少的地方卧倒，脚朝火冲来的方向，扒开浮土直到见着湿土，把脸放进小坑里面，用衣服包住头，双手放在身体正面。四是按规范迎风突围。当风向突变，火掉头时，指挥员要果断下达突围命令，队员自己要当机立断，选择草较小，较少的地方，用衣服包住头，憋住一口气，迎风猛冲突围。人在7.5秒内应当可以突围。千万不能与火赛跑，只能对着火冲。在森林可燃物和火源具备的情况下，林火能否发生主要取决于火险天气，一般来说，火险天气也就是有利于发生森林火灾的气候条件，如气温高、降水少、相对湿度小、风大、长期干旱等。

（三）森林火灾扑灭方法

在扑灭森林火灾时，只要控制住发生火灾的任何一个因素，都能使火熄灭。原理：①降低可燃物的温度，低于燃点以下。②阻隔可燃物，破坏连续燃烧的条件。③使可燃物与氧气隔绝。

基本方法：①冷却法。在燃烧的可燃物上洒水、化学药剂或湿土用来降低热量，让可燃物温度降到燃点以下，使火熄灭。②隔离法。采取阻隔的手段，使火与可燃物分离、使已燃的物质与未燃的物质分隔。一般采取在可燃物上面喷洒化学药剂，或用人工扑打、机翻生土带、采用高速风力、提前火烧、适度爆破等办法开设防火线（带）等，使火与可燃物、已燃烧的可燃物与未燃烧的可燃物分隔。同时通过向已燃烧的可燃物洒水或药剂，也能增加可燃物的耐火性和难燃性。③窒息法。通过隔绝空气使空气中的含氧率降低到14%～18%以下，而使火窒息。一般采用机具扑打，用土覆盖，洒化学药剂，使用爆破等手段使火窒息。

（四）扑救森林火灾的战略

1. 划分战略灭火地带。根据火灾威胁程度不同，划分为主、次灭火地带。在火场附近无天然和人为防火障碍物，火势可以自由蔓延，这是灭火的主要战略地带。在火场边界外有天然和人工防火障碍物,火势不易扩大,当火势蔓延到防火障碍物时,火会自然熄灭。这是灭火地次要地带。先灭主要地带的火,后集中消灭次要地带的火。

2. 先控制火灾蔓延,后消灭余火。

3. 打防结合,以打为主。在火势较猛烈的情况下,应在火发展的主要方向的适当地方开设防火线,并扑打火翼侧,防止火灾扩展蔓延。

4. 集中优势兵力打歼灭战。火势是在不断变化之中的,扑火指挥员要纵观全局,重点部位重点布防,危险地带重点看守,抓住扑火的有利时机,集中优势力量扑火头,一举将火消灭。

5. 牺牲局部,保存全局。为了更好地保护森林资源和人民生命财产安全,在火势猛烈,人力不足的情况下采取牺牲局部,保护全局的措施是必要的。保护重点和顺序是:先人后物,先重点林区后一般林区;如果火灾危及林子和历史文物时,应保护文物后保护林子。

6. 安全第一。扑火是一项艰苦的工作,紧张的行动,往往会忙中出错,乱中出事。扑火时,特别是在大风天扑火,要随时注意火的变化,避免被火围困和人身伤亡。在火场范围大、扑火时间长的过程中,各级指挥员要从安全第一出发,严格要求,严格纪律,切实做到安全打火。

(五)常用的扑火战术有哪些?

1. 单点突破,长线对进突击战术。扑火队从某一个地点突入火线,兵分两路,进行一点两面作战,最后合围。这种战术选择突破点是关键,一般是选择接近主要火头的侧翼突入,火势较强的一侧重点配置兵力,火势较弱的一侧少量布兵力。这种战术的特点是:突破点少,只有一个扑火队连续扑打的火险和火势突变可能性小的情况下采用,但由于扑火队能力有限,大面积火场不宜采用。

2. 多点突破,分击合围战术。这是一种快速分割灭火的实用战术。实施时,若干个扑火小队(组),选择两个以上的突破口,然后分别进行"一点两面"作战,各突破口之间相互形成分击合围态势,使整个火场分割成若干个地段，将火迅速扑灭。这种战术的特点是：突破口多，使用兵力多，全线展开，每个扑火队（组）间的战线短，扑火效率高，是扑火队常用战术。

3. 四面包围，全线突击战术。这种战术是以足够的兵力扑打初发火、小面积火时的实用战术。主要是采用全线用兵，四面围歼的办法扑火，既扑打火头、又兼顾全局，一鼓作气扑灭火灾。蔓延强烈的一侧兵力多于较弱的一侧，顺风火的兵力多于逆风火和侧风火，上山火的兵力多于下山火。

4. 一次冲击，全线控制战术。这种战术是将全部兵力部署在火线的一侧或两侧，采用一个扑火层次，全力扑打明火，暂不清理余火，也不留后续部队和清理火场队伍，力求在短暂时间内消灭明火，以控制火场局势，然后再组织消灭残余火。"一次冲击"的距离一般荒坡 400 米至 500 米，危险地段 150 米至 200 米，有林地 500 米左右。这种战术多半用在火危及居民区、重要设施时，会给国家和人民生命财产安全造成巨大威胁时。

本条第 2 款规定了新闻、文化、教育、交通、旅游、民政等部门应当承担起野外用火和森林防火宣传教育工作任务，充分发挥其主管部门的资源和优势条件，做好宣传教育工作。而广播、电视、报刊、互联网等新闻媒体应当利用其有利条件播放或者刊登野外用火管理和森林防火公益广告，这些工作应当是无偿的而且是无条件的。这是媒体应向社会承担的责任。

根据国务院制定的《广播电视管理条例》第 42 条第 1 款规定：广播电台、电视台播放广告，不得超过国务院广播电视行政部门规定的时间。第 2 款规定广播电台、电视台应当播放公益性广告。新闻媒体具有传播优势，插播野外用火防火和安全知识是其应承担的法律义务和职责。新闻媒体的公益广告宣传效果与其他载体或普法方式相比较，具有影响大、效益高、见效快、持续久等突出特点。所以，韶关市应当充分发挥电视电台报刊等新闻媒体的作用，加大野外用火法规的宣传和普及工作力度。

本条第3款规定了中小学校应当开展野外用火安全和森林防火专题宣传教育。家庭应当加强对未成年人的消防安全教育。第3款从内容上可以分为两部分，一部分是学校等教育机构的职责。学校等教育机构是宣传教育的主战场，学生具有可塑性，容易接受新知识，人员集中，便于教育宣传工作的开展，这些教育的受众将来一旦走出学校，走向社会，就能形成较强的法制观念。有助于守法。中小学校以及大中院校的教育、对法律的宣传和培养守法公民等方面具有不可替代的作用。学校的法制教育具有规模性、系统性、有组织性等特点，通过在校学生进行系统的、有组织的法制教育和宣传，向社会培养出具有法治精神和守法意识的社会成员，就能使整个社会逐渐形成良好的法律文化和法治环境，使法律得到传播和信仰。"加强法制重要的是要进行教育，根本问题是教育人，法制教育要从娃娃抓起，小学、中学都要进行这个教育。"邓小平同志的讲话指出了学校法制教育的重要性。因此，只有加强学校法制教育，利用学校优势，根据青少年学生的身心发展特点有的放矢地施加法制影响，使青少年学生知法懂法，增强法律意识和法制观念。把法制教育等同于法律知识教学。法制教育是指通过学校的各种教育形式，使学生知法、守法并学会用法，培养和提高法律素质，形成良好的守法用法和护法习惯，自觉树立法律权威。以达到普法宣传的目的。学校的法制教育主要从以下几个方面入手：大力推进法制宣传教育进学校，促进教育行政机关法制建设。开展多种形式的"法律进学校"活动，充分发挥学校在青少年学生法律素质养成中的主导作用。结合新一轮的基础教育课程改革，把法制教育纳入中小学教学课程。开展法制教育师资培训工作，实现中小学法制副校长、法制辅导员的工作规范化。积极探索法制宣传教育、法治实践相结合的新途径、新形式。利用重要节点开展法制宣传教育。每年12月4日要开展以宪法为核心的法制宣传教育活动。要利用各种与有关法律法规颁布、实施纪念日和其他专项主题活动紧密相关的宣传月、宣传周、宣传日以及相关重要节点，开展主题鲜明、形式多样卓有成效的野外用火法制宣传教育和防火安全知识教育。

第九条　　[森林防火区内禁止行为]

森林防火区内禁止下列野外用火行为：

（一）上坟烧纸、烧香点烛；

（二）燃放烟花爆竹、孔明灯等；

（三）携带易燃易爆物品；

（四）吸烟、野炊、烧烤、烤火取暖；

（五）烧野蜂、熏蛇鼠、烧山狩猎；

（六）炼山、烧杂、烧灰积肥、烧荒烧炭或者烧秸秆、田基草、果园草等；

（七）其他容易引起森林火灾的用火行为。

[导读与释义]

本条是《管理条例》关于森林防火区禁止行为的规定。

《管理条例》对野外用火行为实行分区管理，其中森林防火区的野外用火行为的管理是最重要的。《管理条例》所称森林防火区是指林地及距离林地边缘100米范围内的区域。在这一区域，所有的野外用火行为都是禁止的。条文设计上，本条列举了六类典型的野外用火行为，外加一个兜底条款，形成了严防死守野外用火的法网。本条是根据《广东省森林防火条例》第24条规定并结合我市实际作出规定。

本条的法律依据是《广东省森林防火条例》第24条，该条规定："在森林防火区野外禁止下列行为：（一）上坟烧纸、烧香点烛等；（二）燃放烟花爆竹、孔明灯等；（三）携带易燃易爆物品；（四）吸烟、野炊、烧烤、烤火取暖；（五）烧黄蜂、熏蛇鼠、烧山狩猎；（六）炼山、烧杂、烧灰积肥、烧荒烧炭或者烧田基草、甘蔗叶、稻草、果园草等；（七）其他容易引起森林火灾的用火行为。"

本条属于实体规范。实体性法律规范是以确认或规定主体的权利与义务为主的法律规范。它给行为人明确地指明了行为的方向和界限。本条共分7项，用列举的方式规定了哪些野外用火行为是禁止的。

1. 上坟烧纸、烧香点烛等野外用火行为。上坟烧纸、烧香点烛是指公民祭拜逝者或其他宗教活动中，焚烧纸钱、蜡烛、香火等物的用火行为。从韶关的实际情况和森林火灾发生的概率分析，城乡居民在野外上坟烧纸、烧香点烛是最容易引发森林大火的，是导致森林火灾的首要因素。故《管理条例》把此类野外用火行为列为首位加以禁止。例如：广东省茂名市曾某海失火案件就是典型事件。2018年3月25日13时许，曾某海到化州市丽岗镇丽岗村委会龙西村马骝坡岭扫墓，在烧纸钱时烧着坟前竹林，大火随即向竹林两边燃烧，烧着马骝坡岭脚的芒草，因风大，大火迅速蔓延并烧上山，引发马骝坡岭山火，烧毁马骝坡岭桉树等大片林木。经鉴定，本次山火过火有林面积115.8亩，烧毁桉树蓄积266.3立方米。因涉嫌犯失火罪于2018年3月26日被刑事拘留，同年4月10日被执行逮捕。一审法院判决认为，被告人曾某海无视国家法律，在扫墓时疏于防范山火，造成森林火灾，过火森林面积7.72公顷，其行为已构成失火罪，应当追究其刑事责任。被告人曾某海在归案后能如实供述其罪行，当庭自愿认罪，有悔罪表现，依法可对其从轻处罚。根据被告人的犯罪事实、性质、情节和对社会的危害程度及悔罪表现，依照《刑法》第115条第2款、第67条第3款和《最高人民检察院、公安部关于公安机关管辖的刑事案件立案追诉标准的规定（一）》第1条第4项之规定，作出如下判决：被告人曾某海犯失火罪，判处有期徒刑一年。

上坟烧纸、烧香点烛是中国社会几千年沿袭下来的习俗。禁还是不禁？这是一个颇有争议的问题。本条例在立法调研阶段，对于野外用火的禁止问题，存在不同观点和意见。有人认为：在全市范围内禁止野外用火不具有现实性和可操作性。未来执法是一个极为困难的事。因为要在全市 18 218.06 平方公里内布防，查禁野外用火行为是无法办到的，执法的成本非常高。故建议划定重点区域实行重点防范，这样才能收到成效。但是，也有人认为：基于韶关的特殊性，如果不实行全市禁火，不从严禁火，只在部分区域禁止野外用火的话，禁火规定很可能流于形式。立法就会留下空白，最终控制野外用火的立法意图会落空。经过讨论，最后市人大常委会采纳并折中了两方的意见，《管理条例》在法律规范上采取从严和全覆盖、不留死角，在全市范围禁止野外用火。另一方面，尊重沿袭了几千年来的农业生产习俗，给某些必要的农事用火开了一个口子，允许农民在备案的前提下，可以从事野外农事用火行为，同时，在实施细则和具体执法方面，采取重点区域重点防控。避免投入过大的人力和财力。同时，在三个不同区域里，实行不同的法律要求。在森林防火区的禁止范围和力度要远大于城镇居民生活区和农业生产区。

2. 燃放烟花爆竹、孔明灯的行为是诱发森林火灾的第二大因素。它包括平时零星的燃放行为和特殊时段的燃放行为。比如：春节等重要节假日，通常是烟花爆竹燃放的最集中的时段；另外，清明节前后也是市民燃放烟花爆竹的最密集的时段。在韶关，几乎每年的清明节都要发生或多或少，或大或小的森林火灾。例如：2015 年 4 月 4 日，被告人杨某甲在新丰县遥田镇高墩村标古窝山段扫墓燃烧祭祀用品时，不慎引发山火。山火发生后，被告人杨某甲与其家人组织村民在现场积极参与救火。经林业部门鉴定，过火面积 12.4 公顷，过火树种为松、杉、桉树，林木蓄积 220.18 立方米，林木损坏价值为人民币 101 436.70 元。杨某甲主动交代了其祭祖燃烧香烛不慎引起山火的具体情况，当日公安机关对杨某甲作出了刑事拘留的强制措施。根据被告人杨某甲的犯罪事实、情节、对社会的危害程度、悔罪态度等，依照《刑法》第 115 条第 2 款、第 67 条第 1 款的规定，人民法院判决被告人杨某甲犯失火罪，判处拘役 4 个月。

　　2006 年 1 月 11 日国务院第一百二十一次常务会议通过了我国第一部有关烟花爆竹安全管理的法规《烟花爆竹安全管理条例》。条例规定，县级以上地方人民政府可以根据本行政区域的实际情况，确定限制或者禁止燃放烟花爆竹的时间、地点和种类。《韶关市烟花爆竹燃放安全管理条例》于 2016 年 10 月 19 日韶关市第十三届人民代表大会第三十六次会议通过，2016 年 12 月 1 日广东省第十二届人民代表大会常务委员会第二十九次常委会议批准，自 2017 年 1 月 1 日起施行。《韶关市烟花爆竹燃放安全管理条例》的立法着眼点主要是城区的消防和大气污染，该条例对韶关市的主要城区实行了禁放，但是，对广大的林区和农村地区没有实施禁放。因此，《管理条例》有必要在这一方面填补立法的空白和缺陷。并与之构建一张全面防范野外用火的法网。

　　除了燃放烟花爆竹对森林安全构成重大威胁之外，燃放孔明灯是另一个重要的安全威胁。孔明灯又名许愿灯，每到元宵、中秋、七夕等传统节日，我国南北各地的人们都有燃放孔明灯的习俗。人们在孔明灯的灯体写上祝福心愿，象征幸福丰盛，点燃暖黄火焰，徐徐上升，缓缓飞起，寄托着无限的希冀和美好的愿望。孔明灯属于一种明火，据测算，孔明灯的火焰外焰温度最高可达 300℃ 以上，而纸张的可燃温度是 130℃ 左右，森林中的木材的可燃温度在 250℃ -300℃ 之间。孔明灯升空蹿升到千米以上，如果遇到风力、风向不稳或碰撞电力设施、高大建筑物等会坠落、悬挂，掉落到森林、草场、液化气站和加油站等火情严管地带，极易引起火灾或爆炸。后果是极为严重的。燃放孔明灯的行为难以防范，孔明灯具有飘移性，2013 年 7 月 1 日，英格兰西米西克垃圾回收场因为孔明灯起火，导致"英国史上最大火灾"。这次火灾导致 11 名消防员伤亡，经济损失达 2.7 亿英镑。2006 年 2 月，我国台湾省台北桃园机场因为市民燃放的一个许愿灯飘落到机场楼顶引发了该地 20 多年来最大的火灾。由此可见，孔明灯的危害是可怕的，作为森林等危险地带的危险因素必须要加以禁止。

3. 携带易燃易爆物品主要是指进入林区时，不得随身携带火柴、打火机、鞭炮、炸药等物品。这一款属于火源的管理。2018 年 9 月 30 日广东省第十三届人民代表大会常务委员会第五次会议批准了《梅州市人民代表大会常务委员会关于修改〈梅州市森林火源管理条例〉的决定》，梅州市在森林管理方面主要着眼于火源的控制和管理。《梅州市森林火源管理条例》第 2 条规定："本条例适用于本市行政区域内森林、林木、林地的火源管理。但是，城市市区的除外。"显然，《梅州市森林火源管理条例》把城区的火源管理排除在外；同时，对火源的管理不足以严防森林火灾和广大城乡的火灾。因此，《管理条例》在起草过程中经反复研讨，在吸纳了梅州等地立法的有益经验外，确定了《韶关市野外用火管理条例》这一法规用名，把野外用火行为作为管理对象和目标。同《梅州市森林火源管理条例》相比，《韶关市野外用火管理条例》具有法律概念用语规范、调整范围更广、预期法律实效更好等特点。立法的科学性亦优于前者。

4. 吸烟、野炊、烧烤、烤火取暖等野外用火行为也是常见的引发山火的因素。随着社会的不断发展进步，人民的节假日日益增多，相应地促进了旅游休闲业的蓬勃发展。人们的带薪休假、出外旅游、郊外踏青等活动越来越多了。在野外进行野炊、烧烤等野外用火行为激增。探险的驴友在野外烤火取暖过夜也时有发生。这些野外用火行为严重威胁到森林的安全，极易产生森林大火，所以，有必要加以禁止。云南省玉龙纳西族自治县发生过这样的案例。2015 年 4 月 20 日凌晨，兰某甲在玉龙县石头乡利苴村委会小桥头组"拉卡罗"集体林区，为了养蜜蜂而在其搭建的窝棚处清理场地，将杂草堆用随身携带的一把打火机点燃后在窝棚附近看守火堆。2015 年 4 月 21 日上午，兰某甲处理好火堆后来到山下的窝棚处休息，上午 11 时许，兰某乙发现兰某甲山上的窝棚附近有火烟冒出便告知兰某甲，兰某甲至现场发现火堆复燃，火已顺着风势蔓延到林区。上江林区派出所民警经玉龙县森林公安局电话通知后到现场调查，怀疑火灾系被告人兰某甲窝棚附近引起，经对被告人兰某甲询问，其如实交代了因自己用火不慎引发森林火灾的事实。经鉴定，该次森林火灾的过火林地面积为24公顷，直接经济损失为16.632万元。兰某甲，因涉嫌失火罪于2015年5月31日被玉龙县森林公安局取保候审。玉龙县人民检察院以玉检公诉刑诉［2015］第57号起诉书指控被告人兰某甲涉嫌犯失火罪，于2015年7月24日提起公诉。公诉机关认为，被告人兰某甲在林区用火不慎引发森林火灾，过火林地面积达24公顷，其行为已触犯《刑法》第115条第2款规定，应当以失火罪定罪并处罚。被告人兰某甲有自首情节，根据《刑法》第67条第1款之规定，可以从轻或者减轻处罚。建议对被告人兰某甲判处三年以下有期徒刑。最终玉龙县人民法院判决被告人兰某甲犯失火罪，判处有期徒刑一年，宣告缓刑，缓刑考验期为二年。

5. 烧野蜂、熏蛇鼠、烧山狩猎等野外用火行为。这是非农事用火行为。在南方地区，农民为了安全和排灌水的需要，对田埂上的野蜂、蛇鼠等有害生物进行清除。主要的方法就是用火烧。火烧比较奏效，但是，会产生大气污染，同时，更重要的是威胁到森林的安全，一旦起风，就容易酿成森林火灾，烧毁林木，烧伤烧死人畜。故《管理条例》对此也予以禁止。在森林防火区一律不准烧野蜂、熏蛇鼠，也不得烧山狩猎。近几十年里来，随着人民的自然保护意识加强，烧山狩猎的情况已经很少了。但是，法律尽量不留疏漏之处，所以，也要对烧山狩猎行为明令禁止。

6. 炼山、烧杂、烧灰积肥、烧荒烧炭或者烧秸秆、田基草、果园草等行为，有些属于农事用火行为，有些属于非农事用火行为。炼山是粤北地区山区农民比较常见的行为。炼山的优点在于能够将林地清理干净、彻底，方便造林施工，降低造林成本；炼山能够改善林地的卫生状况，降低森林病虫害以及啮齿类动物危害的风险，减少土壤有毒物质的积累，消除恶性杂灌草对幼苗、幼树的竞争，提高造林成活率和保存率；短期内能够增加土壤矿质养分含量，促进幼苗、幼树生长，提早郁闭，一定程度上减少幼林抚育成本。炼山对土壤和山林的破坏作用也十分明显，炼山造成一段时间内土壤裸露，一方面导致地表温度偏高，不利于树木幼苗定植后的生长；另一方面导致大量有机碳、氮、硫以及部分磷和无机离子的丧失，往往使林地土壤水分物理性质明显退化，造成较为严重的水土流失，从较长时期看对林木生长并不利。更重要的是炼山容易引发森林火灾，具有极大危险性。所以，《管理条例》予以禁止。

7. 其他容易引起森林火灾的用火行为。本条第 7 项是兜底条款。兜底性条款的作用是弥补列举式立法的不周延性，将前面六个方面的禁止性行为没有包括的都涵盖在这个条款中，防止因社会情势变更而导致立法出现漏洞。

兜底条款（Miscellaneous Provisions）是指在立法时将不能预见或难以列举的事项予以涵摄的概括性规定。[1] 兜底条款作为一项立法技术，最主要的功能是将所有其他条款没有包括的、或者难以包括的、或者目前预测不到的都囊括在内，并广泛运用于法律文本中。

兜底条款是法律文本中常见的法律表述，主要是为了避免法律的不周延性，以及社会情势变迁。因为人类的深谋远虑程度和文字论理能力不足以替一个广大社会的错综复杂情形做详尽的规定。[2] 法律一经制定出来，因自身具有的固定性就随之具有了相对滞后性，何况立法者受主观认识能力等方面的局限，不可能准确预知法律所要规范的所有可能与情形。弗里德里克·肖尔曾经断言："即使是最严谨的起草者也无法预测未来会发生些什么，更无法预测那时我们会怎样去面对。"[3] 因此，通过这些兜底性条款，尽量减少人类主观认识能力不足所带来的法律缺陷，

---

〔1〕 黄良林："设区的市政府规章权利减损规范的设定"，载《地方立法研究》2018 年第 2 期，第 92 页。

〔2〕 〔美〕哈罗德·伯曼编：《美国法律讲话》，陈若桓译，生活·读书·新知三联书店 1988 年版，第 20 页。

〔3〕 〔美〕弗里德里克·肖尔：《像法律人那样思考——法律推理新论》，雷磊译，中国法制出版社 2016 年版，第 31 页。

以及保持法律的相对稳定性，使执法者可以依据法律的精神和原则，适应社会情势的客观需要，将一些新情况等通过这个兜底条款来予以适用解决，而无需修改法律。这种立法技术在我国的法律中非常普遍，是常用的立法技术。

兜底条款这种立法技术一般与列举式立法技术配合使用，两者往往联系密切，同时在一个法条中出现。用来弥补列举式立法的漏洞。列举式立法技术，是指一一列举具体的情况。列举式立法的功能是使法律规范趋于明晰，明确指引人们的行为。法律具有相对稳定性，绝不能朝令夕改，否则，就会失去法的权威性和安全性。但是，这样与之相应的是使调整社会关系的法律就无法应对日新月异的社会情势。于是，出现了兜底性条款，以弥补列举式立法模式的不足。

不过，依笔者看来，地方性立法中的兜底性条款的使用应当慎重，要区分情况和场合。依据罪刑法定原则，法无明文禁止皆可为。那么，对于地方立法中那些禁止性条款，应当明确而有限规定，不得滥用兜底条款，随意编织法网。否则就是限制和剥夺公民权利。滥用兜底条款所设定的禁止性规定其实是超越上位法增设义务，这样的立法是没有合法性和合理性。相反，如果是列举权益类，保障社会主体权益的，可以广泛地使用兜底条款，将个人权益应保尽保，尽可能地避免遗漏。这才体现现代立法的价值取向。这种立法思想来自于"负面清单管理模式"理念。"负面清单管理模式"是指政府规定哪些经济领域不开放，除了清单上的禁区，其他行业、领域和经济活动都许可。凡是与外资的国民待遇、最惠国待遇不符的管理措施，或业绩要求、高管要求等方面的管理措施均以清单方式列明。这是负面清单管理模式在外商投资领域的运用，实际上是市场准入制度。而市场准入负面清单制度，是指国务院以清单方式明确列出在中华人民共和国境内禁止和限制投资经营的行业、领域、业务等，各级政府依法采取相应管理措施的一系列制度安排。市场准入负面清单以外的行业、领域、业务等，各类市场主体皆可依法平等进入。[1]
2018年10月9日，上海发布最新制定的《中国（上海）自由贸易试验区跨境服务贸易负面清单管理模式实施办法》和《中国（上海）自由贸易试验区跨境服务贸易特别管理措施（负面清单）》，标志着上海自贸试验区跨境服务贸易负面清单管理模式的建立。实施办法旨在推进跨境服务贸易负面清单管理的法治化、制度化、规范化和程序化，构建与负面清单管理模式相匹配的权责明确、公平公正、透明高效、法治保障的跨境服务贸易事中事后监管体系。[2]负面清单管理模式可以视为一种行政管理模式和理念，也可以作为一种立法技术和立法理念，该技术和理念可以从三个方面去把握：第一，作为地方性立法，尽可能减少禁止性条款或限制性条款；第二，地方性立法需要设立禁止性或限制性条款的，其条文应当明确而有限，不可大量使用兜底条款；第三，禁止性规定是明文规定的，是少量的；而允许的行为选择是无须明文规定，而且是大量的，宽泛的。负面清单管理模式代表了新的行政管理理念和发展潮流。这种理念也逐步被引入立法领域，地方性立法应当更多地吸纳这种符合时代潮流的立法观念和技术方式，以不断促进公民福祉。

---

〔1〕《国务院关于实行市场准入负面清单制度的意见》（国发〔2015〕55号）。
〔2〕桑彤："上海自贸试验区建立跨境服务贸易负面清单管理模式"，载新华网，访问日期：2018年10月10日。

第十条　[农业生产生活区内禁止行为]

农业生产生活区内禁止下列野外用火行为：

（一）焚烧秸秆、田基草、果园草等；

（二）焚烧垃圾；

（三）烧野蜂、熏蛇鼠等；

（四）其他容易引起火灾和大气污染的用火行为。

确因农业生产需要焚烧秸秆、田基草、果园草等，用火单位或者个人应当提前三天向所在地的村民委员会报告。用火单位或者个人应当指定专人监管用火现场，事先开设防火隔离带，在气象条件为森林火险等级三级及以下用火；用火结束后，应当检查清理火场，确保明火和火星彻底熄灭，严防失火。

[导读与释义]

本条是《管理条例》关于农业生产区禁止野外用火行为的规定。本条的直接法律依据是《中华人民共和国大气污染防治法》第 77 条和《中华人民共和国消防法》第 21 条规定。

《大气污染防治法》第 77 条规定："省、自治区、直辖市人民政府应当划定区域，禁止露天焚烧秸秆、落叶等产生烟尘污染的物质。"

《消防法》第 21 条规定："禁止在具有火灾、爆炸危险的场所吸烟、使用明火。因施工等特殊情况需要使用明火作业的，应当按照规定事先办理审批手续，采取相应的消防安全措施；作业人员应当遵守消防安全规定。"

本条共分 2 款，第 1 款是农业生产区的禁止性行为。农业生产区是本条例创立的一个特定的法律概念。农业生产区没有固定而成熟的概念可以援用。《管理条例》在起草初期，围绕森林防火区、农业生产区和城镇居住区三个概念产生了争议。其中，有人认为：森林防火区、农业生产区和城镇居住区这三个概念中，除了森林防火区已有成熟的法律概念外，其余两个概念本身以及区域难以界定。未来执法会产生现实困难。经过反复研讨，最后，就三个区域的问题以及概念形成了一致意见。《管理条例》第2条第1款规定："本条例适用于本市行政区域内森林防火区、农业生产生活区、城镇居住区的野外用火管理活动。"将整个韶关地域划分为三个区域，确立了分区管理制度；由于农业生产区没有现成的法律概念可适用，准确定义这一概念也颇有难度。所以，本条例在立法起草时，运用了一定的立法技巧，首先界定了森林防火区和城镇居住区。去除森林防火区和城镇居住区的区域，剩下的部分则为农业生产区。故《管理条例》第2条第2款规定："本条例所称森林防火区是指林地及距离林地边缘一百米范围内的区域。城镇居住区是指城市和乡镇的建成区居民生活区域。农业生产生活区是指城镇居住区和森林防火区之外的从事农业生产和居民生活的区域。"这种立法技巧最典型的是关于不动产和动产的定义。所谓不动产，是指依照其物理性质不能移动或者移动将严重损害其经济价值的有体物〔1〕。《担保法》第92条第1款规定："本法所称不动产是指土地以及房屋、林木等地上附着物。"所谓动产，就是不动产之外的物，是指在性质上能够移动，并且移动不损害其经济价值的物，如电视机、书本等。通过先定义不动产然后再确定动产。虽然，从理论和立法技巧上解决了这一个立法难题，但是，在实践中，农业生产区仍然存在区域范围不明，界限难以清晰划分的问题。农业生产区采取略宽松于森林防火区的立法指导精神。这是因为森林防火区紧紧毗邻于森林，农业生产区相对而言要远离于森林。森林防火区内的野外用火行为对森林构成的现实威胁要远大于农业生产区。因此，《管理条例》在森林防火

---

〔1〕 王利明：《物权法研究》（第3版），中国人民大学出版社2013年版，第67页。

区内的禁止性规定要比农业生产区严厉得多。农业生产区禁止以下野外用火行为：

（一）焚烧秸秆、田基草、果园草等

焚烧秸秆是我国南北农村地区非常普遍的现象和野外用火行为。而焚烧田基草和果园草则是南方地区农民常见的农事用火行为。关于秸秆的焚烧问题。因为现在国家提倡绿色发展，生态优先，减少环境污染，在北方，许多地方对秸秆的燃烧控制得非常严格，不断有法律法规出台，比如河南、河北、山西都出台了禁止燃烧秸秆的条例，在南方也有，比如在浙江嘉兴市也出台了禁止燃烧秸秆的条例。根据国务院有关行政法规，设区的市是可以进行立法禁止的。

农作物秸秆焚烧在我国，北方地区甚于南方，东北三省处于我国的最北端，冬季漫长寒冷，山脉纵横，农户日常生活和取暖材料主要依赖农作秸秆，农作物秸秆的燃烧值比较低，所以需求量相对比较大。[1] 然而随着经济的快速发展，城镇化进程加快，越来越多的农村人口出去打工务工，另外由于教育制度的改革，农村中小学校合并，农村居民出于寻求更优质的教育资源和医疗资源而不断涌入城镇，这样农村的秸秆处置呈现出越来越突出的问题。其中，最突出的一点就是随地随意焚烧，主要原因是：①秸秆还田质量不高，不焚烧无法平整土地；②农民的环保意识不强，对大气污染的危害认识不足；③部分农民认为草木灰能杀死病虫害、肥沃土地；④烧火做饭实现了电气化，秸秆没有燃料的价值；⑤秸秆没有广泛利用，没有有效的、经济的利用途径和方式。[2]

综上，农民焚烧秸秆的主要原因是：秸秆没有合理有效的科学利用方式，不能产生新的较大价值。所以，多数地区的农民就是一烧了事。

---

〔1〕 邸显鹏："农作物秸秆焚烧的原因和对策分析"，载《现代农业研究》2017年第12期，第10页。

〔2〕 周国卿："秸秆焚烧的原因分析及建议"，载《农机使用与维修》2015年第9期，第94~95页。

　　农作物秸秆焚烧产生的危害主要体现在以下几个方面：第一，造成大气污染。秸秆焚烧产生大量的烟雾等污染物，PM2.5，还包括 CO、VOC、SO_2、NO_2 以及 PAHs 等有毒物质，在秋冬季节，空气流通不畅的天气情况下，这些有毒物质在大气中弥漫，吸入人体肺部，使人难受，严重者窒息、中毒。对人的眼睛、鼻子和咽喉中含有黏膜的部分产生极大的刺激，尤其离浓烟越近的人受到的危害越大，轻则咳嗽不止，胸闷、眼睛流泪，严重者还会患支气管炎、气管炎。恶化空气质量，影响人类和生物体的健康和安全。[1]第二，影响交通安全，容易引发交通事故。秸秆焚烧产生的烟雾弥漫空中，颗粒物含量高，没有大风吹散的话，很难消散。其一，会影响道路交通，特别是高速公路的交通安全。现在全国高速公路四通八达，高速公路延伸到乡村和僻静的山区，毗邻农田。农民在田间地头焚烧秸秆，严重威胁高速公路上司机是行车安全，造成交通事故。其二，影响航空安全。一般地，机场、航空站选址在城市郊区，往往位于农业生产区。农民如果在田间焚烧秸秆，所产生浓烟升腾到高空，就会严重影响飞机的起降和飞行安全。第三，容易引发各种火灾。秸秆焚烧，是一种明火，遇上大风天气，风助火力，火借风势，难以控制，极易引燃周围的易燃物，导致"火烧连营"，一旦引发森林大火，后果不堪设想。对于韶关这种山城，严防秸秆焚烧引发森林火灾的工作任务压力尤其大。过去几年，韶关的乡村常有农民因焚烧秸秆而导致森林大火发生的事件。第四，焚烧秸秆还会破坏土壤结构，降低农田质量。秸秆焚烧也入地三分，温度极高，首先会将地表中的小动物和微生物烧死，破坏生态平衡，切断生物链条；其次，焚烧秸秆会把土壤中的腐殖质、有机质矿化，造成土壤板结、硬化，改变了土壤的物理性状，降低土地肥力。最后，田间焚烧秸秆使土地水分蒸发，加剧了土壤干旱，

---

　　[1] 毕于运等："我国秸秆焚烧的现状危害与禁烧管理对策"，载《安徽农业科学》2009 年第 27 期，第 4 页。刘芳、王艳分："农作物秸秆焚烧的环境法律政策研究"，载《石家庄经济学院学报》2014 年第 4 期。

农作物的生长因而受到影响。

可见，秸秆焚烧的危害是很大的。对于农民焚烧秸秆行为，《管理条例》进行了禁止。但是，对于此类行为，我们认为单纯地一禁了事不可取，其执法效果和社会效果绝不会很好。除了法律禁止之外，政府还需要为秸秆的出路做点什么。所以，《管理条例》第16条第1、2款规定："县级人民政府应当引导农业经营企业及经营者利用秸秆腐化、氨化等技术综合利用秸秆，并将秸秆利用的技术、设备、项目纳入资金扶持范围。鼓励农业生产者和经营者采用先进技术收集田基、荒地的草木，进行移除处理和回收利用。"第一，政府应当运用宏观调控和财政经济手段，扩大宣传，引导企业、投资者和农民依靠科技走综合利用的道路，把秸秆变废为宝，发挥出它的价值。第二，利用市场调节机制，引导投资方向，扶持相关企业开展生物利用。减少焚烧行为的发生。第三，加大科技攻关，依靠科技进步，化解秸秆利用的难题，提高秸秆利用价值和附加值。

至于焚烧田基草和果园草，其情况与焚烧秸秆相似。但是，相对而言，其规模、普遍性以及危害性要小。在此，不再赘述。

（二）焚烧垃圾

农业生产区焚烧垃圾比较常见。主要是生活垃圾的焚烧。原因是：农村生活垃圾随意丢弃、堆放，无人处理。农民常用来烧灰积肥。生活垃圾含有大量的塑料制品、农药瓶以及其他有毒有害的废弃物。随着农村生活水平的日渐提高，生活垃圾产生量和堆积量逐年增多，垃圾成分日趋复杂。与城市垃圾相比，农村垃圾面积广，产生源分散；人均生活垃圾产量偏低，清理过程简单，但垃圾收运难度大；虽户内外都有较高的消纳能力，但垃圾随意堆放现象非常严重。

农业生产区的垃圾处理现状是：

1. 缺乏足够的资金支持和基础设施。目前，我国农村地区垃圾处理不被政府和农民重视，加之缺乏资金和技术，垃圾收集处理设施极少，绝大多数地区仍未实现垃圾的集中收运和无害化处理；

2. 处理随意简单致使环境污染严重。根据国务院原卫生部的调查数据显示，我国农村垃圾产生量每人每天可达 0.86 公斤，年垃圾产生量可达 3 亿吨。农村垃圾的处理方式是八仙过海，各显神通，一般由村民自行收集，生活垃圾的处理主要方式有：临时堆放；随意掩埋；随处倾倒；浅层填埋；抛撒焚烧等。农村的生活垃圾的循环利用率较低，容易给农村环境产生二次污染。

由此可见，农业生产区的垃圾被焚烧会产生严重的环境污染问题。因此，本条例立法的本意基于两个方面：其一，防止农业生产区的环境污染问题；其二，防止因焚烧垃圾而引发森林火灾。

（三）烧野蜂、熏蛇鼠等

野蜂，一般指野生蜜蜂，又名土蜂、山蜂，其实就是野生的中华蜜蜂，在蜂种中个头最小，生长在野外，以野外山里石缝或狭小的石洞等地为屏障做巢穴，所酿蜂蜜质量最优，营养和药用价值上佳。野蜂蜂蜜因其营养和药用价值上佳，从古至今都颇受人们青睐。野蜂蜂蜜也是不可多得的美味，有许多"老饕"不辞辛劳地翻山越岭进入大山或森林，只为一尝野蜂酿造而成的"琼浆玉液"。所以寻找野蜂窝、烧野蜂成了许多人心目中有趣好玩的活动。野蜂毒性较强，人若被叮咬会有强烈的疼痛感和瘙痒感，还会引起浮肿，若同时被二三十只野蜂叮咬，就有可能造成生命危险。为了安全起见，住所或工作场所距离野蜂窝比较近的人们，往往会烧野蜂，有些人不慎被野蜂叮咬，为了泄愤，也会有烧野蜂进行报复。在广大农村，耕种季节，农民为了自身安全，也会用火焚烧驱赶野蜂的行为。但这种野外用火行为会引发山火。湖南永州一农民泄愤烧野蜂失火被判刑。2013 年 3 月 18 日，湖南道县人民法院依法对被告人彭某艺失火一案进行公开宣判，被告人彭某艺被法院依法判处有期徒刑 3 年，缓刑 4 年。同时，判决被告人彭某艺购买树苗，负责栽活，恢复被烧毁的森林原状。事情的经过是：被告人彭某艺因曾被野蜂叮咬，为泄愤于 2009 年 10 月 5 日 19 时许，独自来到阴锥锥山山脊小路东侧山顶平台焚烧野蜂窝。被告人彭某艺在烧野蜂窝时，不慎失火，虽经被告人以及他人积极扑救，仍引发了森林大火，共烧毁林地 1643.5 亩。法院审理认为，被告人彭某艺擅自野外用火，不慎引起火灾，导致森林大火发生，过火有林地面积 1643.5 亩，情节特别严重，其行为已构成失火罪。无独有偶，据大河网报道：男子怕野蜂伤人烧蜂窝，不慎酿火灾获刑。河南省渑池县法院审理了这起案件，以失火罪判处吴某某有期徒刑 1 年，缓期 2 年执行。2014 年 7 月 27 日 13 时许，被告人吴某某因其所住渑池县某某乡某某村旧房西侧有野山蜂窝，怕伤到人，便携带打火机、玉米秆等到自家旧房西侧某某组北坡内焚烧蜂窝，不慎引发林坡失火。后吴某某主动向渑池县森林公安局报案。2014 年 8 月 1 日，三门峡崤函林木资源司法鉴定所出具鉴定意见：涉案过火地类型为灌木林地，过火面积为 116 697.47 平方米，合 175.04 亩。其行为已构成失火罪。被告人吴某某犯罪后主动报案，且未逃离现场，在森林公安机关询问时如实供述自己罪行，属自首，依法可以从轻处罚。依照《刑法》，法院遂依法作出以上判决。另一起因烧野蜂而导致火灾的犯罪行为是广西蒙山烧野蜂引大火，千亩松林被烧伤 15 人。2005 年 11 月 5 日下午 2 时 30 分许，蒙山县文圩镇一五旬男子在烧野蜂时不慎引发了一场连续一天两夜的大火，该镇上千亩成年松林被烧。在救火中，该镇灯挂村 15 名救火村民被烧伤。几公里外可见火苗腾空。当地一位村民心疼地说，他们村后面的这片山林是已种下十几年的成年松树，这一把火，把村民们精心护理了十几年的心血一烧而光。据其介绍，从火源到他们村一共烧掉了上千亩山林。

在农村，农田里的蛇和老鼠比较多，而且由于蛇和老鼠的习性，它们往往在同一个窝里。老鼠毁坏农作物，蛇也会咬伤下田耕种的农民。所以在农村经常可以看见人们开展灭鼠捕蛇的活动。为了捉鼠捕蛇，人们不仅挖洞，还会用水灌洞或者用火熏，由此熏蛇鼠在农村也就屡见不鲜了。但是熏蛇鼠很可能引发火灾，尤其在荒郊野外靠近山区林边，稍有不慎便会引发森林火灾，造成财产损失、人员伤亡。因森林大火而产生的大量浓烟灰尘导致大气污染并对生态环境造成二次破坏。熏蛇鼠这个老方法、土方法明显是不可取的，因此，得用科学的方法对付蛇鼠。

人们经常采用物理方法灭鼠，如粘鼠板、鼠夹、鼠笼、电猫捕鼠、堵塞鼠洞等。而投放灭鼠毒饵是目前为止最节省人力财力物力最有效的灭鼠方法。根据毒饵进入鼠体后作用快慢，分为急性灭鼠毒饵和慢性灭鼠毒饵两类。急性灭鼠又称急性单剂量灭鼠药，鼠类一次吃够致死量的毒饵以致死，这类药虽然作用快，粮食消耗少，但他们对人畜不够安全，毒性较高，容易引起二次中毒，同时在灭鼠过程中老鼠死前的反应较激烈，易引起其他鼠类的警觉，造成其他鼠类对该毒饵产生恐惧，不敢食为止。慢性抗凝血灭鼠剂包括羟基香豆素或茚满二酮类的化合物。这类化合物的作用机制，是通过抑制肝微粒体中的维生素 K 循环使动物死于内出血。因为它作用较慢，又有特效的解毒剂维生素 K1，所以对非靶动物比较安全。慢性灭鼠药的长处是：用量小，鼠不拒食，至死方休，因此灭鼠结果好，牲畜中毒时机少，中了毒也可以用特效解毒药（维生素 K1）来急救。慢性灭鼠药契合老鼠吃东西的习性，老鼠吃东西是断断续续的，吃吃停停。而慢性灭鼠药大都品种老鼠吃一次，毒性不太强、老鼠吃后也无不舒适的感觉，这样，老鼠就可以延续吃几天，毒性积存起来就强了，老鼠就会灭亡。慢性灭鼠对多种鼠类均有杀灭效果，灭鼠结果好，死鼠数目多，是当前灭鼠的首要兵器。所以，建议农民朋友尽量采用安全可靠的灭鼠办法，改变传统的火烧烟熏等办法，以减少野外用火行为。

田间耕作如何避免被毒蛇咬伤？一般地，注意以下事项：①在草丛茂密的地方行走，要穿高帮鞋、封闭性好的长袖衣、长裤，扎紧裤腿，尽量不要把皮肤裸露在外。②绝大多数毒蛇都不会主动攻击人，它们信奉"人不犯我，我不犯人"。但是对地面的震动特别敏感，所以打草惊蛇不失为一种好办法，万一与毒蛇不期而遇，要保持沉着冷静，不要突然移动，更不要突然攻击，慢慢移动，缓缓离开既可。③蛇频繁出没于早晨和傍晚，潮湿、阴暗、草木丛生、偏远的地方最易出现蛇，在这两个时间段和这类地段出行的人一定要多多注意。④蛇畏惧刺激性气味的物质，若发现有蛇出没，可以用雄黄、硫黄、酒精等进行驱赶，出门旅行或进行野外活动时带上这些药物，既可除病，也可防止毒蛇。⑤四肢涂擦防蛇药液及蛇伤解毒片，均能起到预防蛇伤的作用。⑥如果发现有蛇，若非自己受到威胁，否则最好不要擅自捕捉或追打蛇，以免造成不必要的人身伤害。

（四）其他容易引起火灾和大气污染的用火行为

1. 本条第 1 款第 4 项是兜底条款。目的在于将所有其他条款没有包括的、或者难以包括的、或者目前预测不到的其他容易引起火灾和大气污染的用火行为都囊括在内。

2. 其他容易引起火灾和大气污染的用火行为。本条第 1 款前 3 项列举了在农业生产生活区容易引起火灾和大气污染的行为较为常见的 3 种用火行为，第 4 项则将其他不太常见的用火行为用兜底条款将其囊括在内。需要注意的是，这项条款的关键之处并非在于"用火行为"这一行为本身，而在于这一"用火行为"带来了"容易引起火灾和大气污染"的结果。

本条第 1 款规定了在农业生产生活区用火的禁止性行为，而第 2 款则是本条的隐含性但书。所谓但书，就是表达意思转折的文句。从法律条文表述上看，但书，分明示性但书和隐含性但书。法律但书是在一个法律条文中的一般规定之后加上特别规定，用以规定限制、例外、附加等内容并与该一般规定相辅相成的一种特殊法律规范。其中的一般规定是法条主文，特别规定就是但书条款。通常认为，但书有两个基本特征：一是形式上的特征，即以转折连词"但是"作为主文与但书之间的外在标识；二是内容上的特征，即主文内容与但书内容存在意思转折，或者说主文与但书之间存在普遍与特殊的关系（普特关系）。在这两个特征中，前者只是一般的外在表现形式，具有一定的相对性；后者是但书的本质特征，是判断某一规定是否属于但书的标准。紧接主文之后的规定是特别规定或者与主文存在意思上的转折，即使没有"但是"之类的转折连词，仍然属于但书；并非意思转折或非特别规定的，即使有"但是"连词也不属于但书。

但书是一个重要的立法技术，但书的运用提现了立法的科学性和严谨性。但书条款的恰当使用可以在一定程度上避免以偏概全和片面过激，从而延长法律的柔韧性和生命。立法起草者以历史唯物观和辩证唯物观，恰如其分地运用但书这一立法技术，充分体现出《管理条例》的科学性、严谨性。

从历史上看，自我国由渔猎采集文明向农耕文明转型，几千年来刀耕火种一直在炎黄子孙的基因里流转存续，使其成为我国历史悠久的农业生产方式。刀耕，指的是用刀斧或其他工具将杂草树木砍倒；火种，则是将已砍倒晒干的杂草树木烧光，然后进行播种。特别需要指出的是，长期以来，在我国某些地区，例如云南澜沧江以西地区，西起怒江傈僳族自治州和德宏傣族景颇族自治州，中经临沧和思茅地区西南部、西双版纳傣族自治州、红河哈尼族彝族自治州，东达文山壮族苗族自治州南部，这一横跨千里的弧形地带，刀耕火种特别盛行，在时间上绵延不断，在空间上分布密集，甚至被称为"滇西南刀耕火种地带"。[1]除此之外，全国许多地方的农民仍然沿用烧荒积肥、烧荒除草的传统农业生产方式。而农业生产进入精耕细作时代甚至发展到如今，虽说刀耕火种已然隐退，但其烧荒积肥、烧荒除草的精髓仍在中华大地上经久不息。

另一方面，自从进入现代化以来，我国农业生产也逐步现代化，但由于我国复杂多样的地理环境、农民自身经济状况和知识水平等原因所限，我国农业现代化进程并不理想，大部分地区和农民仍然采用传统的精耕细作式的农业生产方式。至今为止，大部分人仍对积肥持有较高的认可度。无论是耕种者，还是市场上的消费者，均认为放有机肥料的作

---

〔1〕 李志雄、张缘子、许文昆："布朗山最后的刀耕火种"，载《文明》2007年第12期。

物，食用起来更加健康和美味。一些年长的农民在耕种时，坚持使用有机肥，他们十分反感化肥。

　　站在历史唯物主义和辩证唯物主义的立场上，绝对禁止野外烧荒显然是难以成功，也不可能成功的。立法要立足实际、尊重历史、尊重客观规律。如果，从立法上完全禁绝这一野外烧荒行为，必然妨碍农民的生产，也会遭到农民的抵制，未来执法的阻力很大。为此，立法起草者在本条起草阶段，十分谨慎。就此问题开展了深入农村等地调研，征询农民的意见。韶关市人大常委会有关领导在草案审议阶段，也非常重视这一情况，并对此多次召开立法工作会议进行研讨。最后，经反复研究决定为了尊重农业生产的实际情况和客观规律，给农业生产生活区的野外用火行为适当地开了一个口子，并且给人们进行正当的野外用火设定条件和规范，既照顾了正当的农业生产用火，又契合《管理条例》保护生态环境的立法目的。本款运用但书这一立法技术，体现出"普遍适用中有例外，一般之中有个别"[1]的立法技术特点。

---

〔1〕　孙潮：《立法技术学》，浙江人民出版社 1993 年版，第 36 页。

第十一条　[城镇居住区内禁止行为]

城镇居住区内禁止下列野外用火行为：

（一）焚烧树木、残枝落叶、杂草等；

（二）焚烧沥青、油毡、橡胶、轮胎、塑料、皮革、垃圾等以及其他产生有毒有害烟尘和恶臭气体的物质的；

（三）焚烧民俗祭祀物品；

（四）其他容易引起火灾和大气污染的用火行为。

[导读与释义]

本条是关于城乡居民生活区禁止野外用火行为的规定。

在城镇和乡村禁止野外用火行为的法律依据主要是：《大气污染防治法》《野生动物保护法》，以及2015年8月29日第十二届全国人民代表大会常务委员会第十六次会议第二次修订《国家森林防火总指挥部、公安部、林业部关于划分森林消防监督职责范围的通知》（国森防〔1989〕13号）关于"市区园林的消防工作，由当地公安机关实施监督"的规定。

《大气污染防治法》第82条第1款规定：禁止在人口集中地区和其他依法需要特殊保护的区域内焚烧沥青、油毡、橡胶、塑料、皮革、垃圾以及其他产生有毒有害烟尘和恶臭气体的物质。本条是把《大气污染防治法》第82条第1款进行具体化和细化。本条是城镇居住区野外用火行为的禁止性规定。城镇居住区泛指不同居住人口规模的居住生活聚居地；特指被城市干道或自然分解所围合、配建有较完善的公共服务设施的居住生活聚居地。简单来说，城镇居住区，指城市和乡镇的建成区居民生活区域。

《管理条例》对野外用火实行分区管理，在森林防火区的野外用火管理方面，我国目前有《森林法》《森林防火条例》《广东省森林防火条例》等全国、全省的法律法规，法则明晰，规定明确，管理严格。从立法层面上看，农业生产生活区、城镇居住区的用火管理主要由《消防法》《大气污染防治法》规范，并且集中在生产生活用火方面，至于野外用火管理的规定则为数不多、零零散散，只有相关的政府规章、文件及通告等。

由于韶关市是山区城市，有着"城在山中，山在城里"的特殊环境，毗邻城镇地带就有许多森林公园、公共绿地等。如果用火不当，不仅容易引起居住区火灾，也容易引起森林火灾。

违反野外用火规定，视不同情况，由县级以上人民政府市容环境卫生行政主管部门责令改正，或对单位处 10 000 元以上 100 000 元以下的罚款，或对个人处 500 元以上 2000 元以下的罚款等。需要指出的是，在城镇居住区违反野外用火规定引起民居住宅、公共场所、仓库、加油站等其他火灾的，适用《消防法》的相关规定处罚。

我国城市大气污染物主要是：一氧化碳、氟化物、NOx 和氯。城市大气污染后，由于污染物质的来源、性质、浓度和持续时间的不同，污染地区的气象条件、地理环境等因素的差别，甚至人的年龄、健康状况的不同，对人均会产生不同的危害。空气污染对人体健康影响主要为二氧化硫、氮氧化物和颗粒物。[1]

(一) 焚烧树木、残枝落叶、杂草等

焚烧树叶烧树木、残枝落叶等是城市常见的用火行为。树叶、残枝落叶的焚烧会产生以下危害：第一，产生污染城市大气的污染物，这些污染物主要是一氧化碳、二氧化碳和灰尘。一氧化碳是无色、无味、无刺激性的气体，难溶于水。居民吸入一氧化碳，在血液中与血红蛋白结

---

〔1〕 张黎明、陈文君、周锐："城市空气污染对居民健康及经济影响概述"，载《商》2015年第 47 期。

合，生成离解缓慢的碳氧血红蛋白，降低血液输送氧气的功能，使人体出现缺氧症状，导致中毒，严重者身亡。第二，引起火灾。城市或城镇人口集中，住宅楼密集，如果在城区焚烧树叶烧树木、残枝落叶、杂草，极易引发火灾，造成人员伤亡或财产损失。故《管理条例》对此行为予以禁止。2019年上半年韶关市森林覆盖率73.84%、活立木蓄积量8917万立方米、林地面积126.85万公顷，森林资源核心指标数据位居广东省首位。韶关市是全国首批6个生态文明建设试点地区之一，车八岭国家级自然保护区晋级为世界生物圈保护区。建立省级以上自然保护区15个，其中国家级3个，自然保护区面积17.9万公顷，是广东省森林资源最丰富的地区之一。在绿化面积广、林木资源多的韶关，不仅在韶关山区、城镇郊区，就连城镇居住区也随处可见花草树木小树林。而且花草树木、残枝落叶等都是易燃物，尤其在天干物燥的情况下，只需星星之火，便可燎原。如果用火不当引发火灾，造成的后果不可估量。杂草是一类在人类活动与自然环境双重选择下产生的高度进化的植物类群，其生物量大、抗逆性强、生长迅速，大部分杂草兼有有性和无性繁殖方式，能在很短时间内完成其生长周期。杂草的种子具有顽强的生命力。杂草种子寿命相当长，如藜种子可存活1700多年，繁缕种子能存活622年，且它们能在较宽的条件范围内萌发。绝大部分杂草的种子单株产籽量高、小且轻、易于传播，且常与栽培植物伴生，不易防控。

杂草一直以来被视为有害之草、农业生产的大敌。杂草对人类大多数农业生产过程造成多种危害，它与作物争取有限的土壤肥力与光照，具有强烈抑制作物生长发育的作用，有时还会助长病虫害的发生和蔓延。杂草生物量大、抗逆性强、生长迅速，会成片或零星地分布于草坪、林下，不仅影响美观，还抢占空间、养料、阳光和水分。杂草庞大的根系不仅与作物争夺空间，还与作物争光照、争水肥，对作物产量影响非常大，是常见影响农牧业生产的危害之一。杂草的生长为农作物病虫害的发生提供了生境条件，成为病虫害的主要传播媒介和寄主，有利于病虫害的发生和蔓延，致使农作物减产。在当季作物耕种过程中，病虫害以密集生长的杂草为媒介在农田间快速蔓延，使作物严重减产。另外，许多虫害栖息于杂草上过冬，并在其上产卵繁殖，次年侵染新耕农作物。杂草是有些病原菌的转主寄主，病原菌是通过杂草转染作物的。杂草的清除应当依靠科学技术，采用合理方法去除，而不应一烧了之。

（二）焚烧沥青、油毡、轮胎、塑料、皮革及生活工业垃圾等

沥青，一种棕黑色的有机胶凝物质。包括天然沥青、石油沥青和煤焦油沥青等。是固体或半固体的烃类混合物，主要成分为沥青质和树脂，还含有高沸点矿物油以及少量氧、氮和硫的化合物。石油沥青是原油减压蒸馏时，在釜底残留的直馏沥青，多用于铺路。直馏沥青与氧聚合可生成氧化沥青或吹制沥青，多用作房顶铺装及电气绝缘的材料。煤焦油沥青是煤或木材等干馏后得到的焦油，再经蒸馏残余在釜底的油。可用作电极、蜂窝煤的黏结剂，钢材、木材的防水、防锈、防腐蚀的涂料等。沥青蒸气和粉尘可经呼吸道或皮肤吸收引起中毒，发生皮炎、眼结膜炎、腹痛、心悸等症状。沥青中有致癌物，如苯并芘等，会引起皮肤癌、阴囊癌、肺癌及喉头癌。

油毡，也叫油毛毡，用动物的毛 或植物纤维制成的毡或厚纸坯浸透沥青 后所成的建筑材料。

橡胶，高弹性的高分子化合物。可分为天然橡胶和合成橡胶两大类。前者由橡胶树所生胶乳加工而得；后者由单体经加聚或缩聚而制得。未经硫化的橡胶称"生橡胶"。已硫化的橡胶称"硫化橡胶"，俗称"熟橡胶""橡皮"。广泛用作轮胎、胶管、绝缘材料、胶鞋和其他橡胶制品。[1]

塑料，以合成的或天然的高分子化合物为主要成分，可在一定条件下塑化成形，产品最后能保持既定形状的材料。多数塑料以合成树脂为基础，并常含有填料、增塑剂、染料等。塑料的种类很多，通常根据塑

---

〔1〕《中国百科大辞典》编委会编：《中国百科大辞典》，华夏出版社1990年版。

料的性能，分为热塑性塑料和热固性塑料两类。前者主要具有链状的线型结构，受热软化，可反复塑制，如聚氯乙烯、纤维素塑料等；后者成型后具有网状的体型结构，受热不能软化，不能反复塑制，如酚醛塑料、氨基塑料等。按照塑料的应用范围还可分为通用塑料、工程塑料及其他塑料。塑料一般具有质轻、绝缘、耐腐蚀、美观、易于成型加工等特点，除作绝缘材料、建筑材料和各种工业的构造材料及零件外，塑料制品亦与人民日常生活有着密切的联系，如雨衣、凉鞋、器皿、家具、提包、文化用品、玩具等。同时，塑料还是一种理想的包装材料，普遍用于制造包装容器、包装袋及其他包装用材料。[1]

皮革，用动物的皮去毛，再经加工处理后，成为具有不易腐烂、耐磨耐折、透气等特性的物料。广泛用于制鞋、包箱、服装、手套、鞍具、机器轮带等。

垃圾或沥青、油毡、橡胶、轮胎、塑料、皮革等起火，不容小觑。由于人们在城镇居住区生产生活，诸如沥青、油毡、橡胶、轮胎、塑料、皮革等生产生活用品，种类繁多，随处可见。这些易燃物品是消防安全和污染防治重点关注对象。焚烧沥青、油毡、橡胶、轮胎、塑料、皮革以及垃圾等，不仅会产生有毒有害烟尘和恶臭气体的物质，既污染环境又危害人们身体健康，而且容易引发火灾。在建筑物密集、人口密度大的城镇居住区，一旦起火可能危及周围建筑物和居民的安全，牵连甚广，尤其是在有着"城在山中，山在城里"特殊环境的韶关，还容易殃及池鱼，引发森林火灾，造成更大的损失。相比而言，城市或城镇焚烧沥青、油毡、轮胎、塑料、皮革及生活工业垃圾等物品所产生的污染比焚烧树叶烧树木、残枝落叶、杂草等更多，对城市环境危害更大。因为这些被焚烧的物质都是化工产品。这些化工产品燃烧所产生的 NO_x、二氧化硫和二噁英物质等严重危害人体健康。大气中 50% 的 NO_x 由人为污染产生；化石燃料的燃烧过程生成的 NO_x，主要是 NO。其危害：发生慢性支气管

---

[1] 吴山主编：《中国工艺美术大辞典》，江苏美术出版社 1989 年版。

炎、神经衰弱等，有的可导致肺部纤维化；助癌和致癌性；对植物的不良影响：高浓度，使柑橘等果树落叶和落果；低浓度，使植物生长明显受到抑制；发光化学反应生成二次污染。二氧化硫是最常见的硫氧化物。无色气体，有强烈刺激性气味。大气主要污染物之一。由于煤和石油通常都含有硫化合物，因此燃烧时会生成二氧化硫。当二氧化硫溶于水中，会形成亚硫酸（酸雨的主要成分）。它的危害是：易被湿润的黏膜表面吸收生成亚硫酸、硫酸。对眼及呼吸道黏膜有强烈的刺激作用。大量吸入可引起肺水肿、喉水肿、声带痉挛而致窒息。低浓度接触，可产生头痛、头昏、乏力等全身症状以及慢性鼻炎、咽喉炎、支气管炎、嗅觉及味觉减退等。

在城区焚烧沥青、油毡、轮胎、塑料、皮革及生活工业垃圾等，不仅污染城市空气，危害城区居民的身体健康，而且会酿成城市火灾。例如：2017 年 5 月 23 日，发生在深圳龙华区某公司负责人失火一案就是典型事例。

垃圾堆放处和处理点临近居民，如果发生火灾，很容易危及周围的建筑物。另外，垃圾堆放的时间不宜过久。除了人为因素导致垃圾起火，堆放时间长的垃圾堆，尤其是垃圾里含有油脂类物质或植物类物质，有可能蓄热自燃。蓄热自燃是指可燃物在没有直接火源作用下，由于自身内部的物理、生物、化学反应，温度不断集聚升高，达到燃点发生燃烧的现象。油脂类物质极容易发生蓄热自燃，浸油纤维、含油破布、甚至沾油的金属屑都会发生自燃。原因在于油脂中含有不饱和脂肪酸，它们的分子中有一个或几个双键，接触空气后，氧化会产生大量的热，同时进行聚合反应也会产生大量的热，不断地蓄热升温，当温度高过燃点时，便会自燃。植物类物质也容易蓄热自燃。堆积的残枝落叶、杂草、稻草、锯末、纸箱等物质在含水量超 20% 时，可蓄热自燃。植物类物质自燃首先是生物过程，微生物繁殖发酵蓄热升温，达到一定的温度时发生自燃。另外，垃圾堆里可能有电石渣等易燃废弃物。这些易燃废弃物遇水会产生乙炔等易燃气体，遇明火就可能着火，甚至发生爆炸。

焚烧垃圾在农村和城市郊区非常普遍，许多因为焚烧垃圾而引起的火灾就是当事人点燃了垃圾以后不管不顾走开，不久后垃圾火蔓延到其他可燃物上导致的。

（三）焚烧民俗祭祀物品

本项规定了在城镇居住区禁止焚烧民俗祭祀物品的野外用火行为。每年清明节、端午节、中元节、寒食节、重阳节、春节等传统节日，社会公众都有祭奠逝者、寄托哀思、缅怀先人的传统习俗。焚烧祭品（牲畜）祭祀神明的"烧香"礼仪早在先秦时期就已经出现了；随着汉代以来香料的大量传入和使用，焚烧香料开始取代焚烧祭品，真正意义上的烧香礼仪出现；至南北朝时期，朔望烧香祭祖礼仪最终形成。直至今日，仍有部分人尤其是在农村和偏远地区的人通过焚香、烧纸、放鞭炮等方式，祭奠先人，寄托哀思。

因为城镇居住区人口密集，再加上韶关市城区的边缘地带就是森林、绿化带等，焚烧民俗祭祀物品不仅容易引发市内火险和交通事故，破坏市容环境卫生，又容易发生森林火灾，同时也在一定程度上加重雾霾天气，造成空气污染，特别是在秋冬大雾天气下，各类烟气会严重危害公众的身体健康。

由于祭扫期间市民焚烧祭祀用品，若残火未完全熄灭，随风飘至可燃物上易酿成火灾。此外，当街焚烧祭祀用品不但会留下大量灰烬和垃圾，增加环卫工人的工作量，同时还会缩短道路使用寿命。据了解，由于部分市民随意地在地面烧纸，每年都有因高温炙烤而"毁容"的地面彩釉和沥青道路。

其次，从大气环境危害看，焚烧祭祀用品造成的污染属于无组织低空面源污染。祭拜用的纸钱含有纸浆、油墨、金箔及铅等金属成分，焚烧时会排出大量颗粒物，一氧化碳，多环芳烃、氮氧化物，苯、甲苯等挥发性有机物，这些无组织排放出的固态和气态污染物会直接污染大气环境。

本条对于在城镇居住区焚烧民俗祭祀的野外用火行为明令禁止，提倡文明祭祀。2019年中共中央、国务院印发《新时代公民道德建设实施纲要》，强调广泛开展移风易俗行动。摒弃陈规陋习、倡导文明新风是道德建设的重要任务。要围绕实施乡村振兴战略，培育文明乡风、淳朴民风，倡导科学文明生活方式，挖掘创新乡土文化，不断焕发乡村文明新气象。充分发挥村规民约、道德评议会、红白理事会等作用，破除铺张浪费、薄养厚葬、人情攀比等不良习俗。要提倡科学精神，普及科学知识，抵制迷信和腐朽落后文化，防范极端宗教思想和非法宗教势力渗透。祭祀祖先、怀念旧人本是优良的传统习俗，但是焚烧民俗祭祀物品却既是一项陈规陋习又容易引发火灾、污染，实在是应该在城镇居住区禁止。2019年以来，韶关市正在创建全国文明城市。作为创文工作的一个重要内容就是制定一部《韶关市文明行为促进条例》。目前《韶关市文明行为促进条例（草案修改稿）》已经形成。该草案中的第16条【健康生活方式】规定："公民应当践行低碳、环保、绿色的生活方式，文明健康生活，自觉遵守下列文明行为规范：（一）节约粮食、水、电、煤、燃油、天然气和其他公共资源；（二）文明用餐，不高声喧哗，不酗酒不劝酒，使用公筷公勺，讲究用餐卫生；（三）摒弃滥食野生动物的行为；（四）节俭办理婚嫁喜庆事宜，拒绝奢华和浪费；（五）文明简约殡葬、祭祀，不随意焚烧、抛撒、处置祭祀物品；（六）按照规定分类投放垃圾，主动减少日常生活废弃物对环境造成的污染；（七）自觉抵制黄、赌、毒、封建迷信等行为；（八）其他健康文明生活行为。"

该条中第（五）项以立法的形式规定公民文明简约殡葬、祭祀，不随意焚烧、抛撒、处置祭祀物品。引导公民秉承健康绿色的生活方式，自觉遵守健康绿色的文明行为。积极践行绿色生产生活方式。绿色发展、生态道德是现代文明的重要标志，是美好生活的基础、人民群众的期盼。要推动全社会共建美丽中国，围绕世界地球日、世界环境日、世界森林日、世界水日、世界海洋日和全国节能宣传周等，广泛开展多种形式的主题宣传实践活动，坚持人与自然和谐共生，引导人们树立尊重自然、顺应自然、保护自然的理念，树立"绿水青山就是金山银山"的理念，增强节约意识、环保意识和生态意识。开展创建节约型机关、绿色家庭、绿色学校、绿色社区、绿色出行和垃圾分类等行动，倡导简约适度、绿色低碳的生活方式，拒绝奢华和浪费，引导人们做生态环境的保护者、建设者。

另外《韶关市文明行为促进条例（草案修改稿）》第21条【乡村文明行为】规定："公民应当配合农村乡风文明建设，邻里相助，尊老爱幼，自觉遵守下列乡村文明行为规范：（一）遵守村规民约，见贤思齐，移风易俗，摒弃陈规陋习；（二）男女平等，尊重妇女合法权益，不重男轻女；（三）保持房屋周边卫生、整洁，不随意堆放垃圾、农家肥、土石、柴草等杂物；（四）不在公路上晒粮或堆放物品；（五）科学合理处置农用薄膜、农作物秸秆等农业生产废弃物；（六）自觉保护古树、古民居、古村落等乡村人文和自然资源；（七）其他乡村文明行为。"

该条是关于乡村文明行为的规定。针对粤北地区乡村存在的实际情况和突出问题，规定了七个方面的乡村文明基本行为规范，以促进乡村文明行为工作。其中，第（一）项和第（五）项再次以立法形式规定了移风易俗，摒弃陈规陋习和科学合理处置农用薄膜、农作物秸秆等农业生产废弃物问题。这样，《韶关市文明行为促进条例（草案修改稿）》在内容与《韶关市野外用火条例》进行了相互呼应，互相协调一致。做到了地方性法规体系上的统一性和内容上的一致性。有助于形成一张疏而不漏的严密法网。

在粤北广大的乡村，广泛开展移风易俗行动。摒弃陈规陋习、倡导文明新风是精神文明建设和法治建设的重要任务。要围绕实施乡村振兴战略和粤北特别生态保护区建设，培育文明乡风、淳朴民风，倡导科学文明生活方式，挖掘创新乡土文化，不断焕发乡村文明新气象。充分发挥村规民约、道德评议会、红白理事会等作用，破除铺张浪费、薄养厚葬、人情攀比等不良习俗。要提倡科学精神，普及科学知识，抵制迷信和腐朽落后文化，防范极端宗教思想和非法宗教势力渗透，进而达致保护自然生态环境，保护粤北特别生态保护区，保护森林的目的。以实现《管理条例》的立法目的。

耶林认为，利益衡量是立法决策者对各种问题或利害冲突所进行的价值判断标准，平衡个人利益与社会利益，保护社会生活条件的总和，构成法律的实质性目的。[1]在这场传统习俗与公众安全的碰撞与交锋中，立法决策者为衡平两者间的利害冲突，因此作出了禁止在城镇居住区焚烧民俗祭祀物品的规定。并在字里行间提倡文明祭祀，采取网络祭奠、植树祭奠、鲜花祭奠、召开家庭"追思会"、撰写感言体会等文明祭祀方式进行祭祀。通过网络祭祀为逝者献上蜡烛、香炉、纸钱等虚拟物品；为逝者种上一棵绿树；为逝者献上一束鲜花；用播放音乐代替放鞭炮，既寄托了哀思，表达了缅怀之情，又环保安全。此外，放飞祈福气球、白鸽、风筝等，将思念之情写在小卡片上或诵读祭文，都是一些非常不错的选择。追思先人，在记忆深处重现、感受亲情的温暖才是节日祭奠的真正意义和情怀。

否则，就容易发生经常性的森林火灾和其他火灾事故。例如：①2014年4月5日，青岛市某区居民刘某某兄弟二人因上坟引发森林火灾，过火林地面积约107亩。该二人分别被判处有期徒刑2年缓刑2年、有期徒刑1年6个月缓刑2年。②2014年4月3日胶州市洋河镇某村村民郭某某，上山烧纸引发森林火灾，过火面积10亩，被判有期徒刑3年。③2016年3月31日青岛市某区郭某两姐妹为父亲上坟，焚烧冥币引发森林火灾，过火面积约30亩，各判处有期徒刑3年。④2019年3月23日，河南省鲁山县郭某婷、王某高等人上坟焚烧祭纸引发森林火灾。郭某婷、王某高因涉嫌失火罪于3月24日被鲁山县森林公安局依法刑事拘留。上述惨

---

〔1〕　张鸣起："《中华人民共和国民法总则》的制定"，载《中国法学》2017年第2期。

痛的事件无时无刻地提醒我们务必重视火灾给人和财物所带来的损害和威胁。

（四）其他容易引起火灾和大气污染的用火行为

本项是本条城镇居住区野外用火行为禁止性规定的兜底性条款。用"大口袋"将除了上述提到在城镇居住区的其他野外用火行为囊括在内。由于兜底条款在第十条有较为详细的介绍，在此就不一一赘述了。

燃放烟花爆竹也是容易引起火灾和大气污染的用火行为。一直以来，燃放烟花爆竹都是节日盛典的标配，人们欣赏着璀璨的火树银花，尽情表达着喜悦与欢庆。但是，燃放烟花爆竹又会带来各种各样的危害。其一便是容易引发火灾，特别是在城区，建筑越来越高，人口相对密集，高空烟花等的燃放极易引发火灾，直接危害人民群众的生命财产安全；其二是带来大气污染，燃放烟花爆竹会产生大量的二氧化硫、二氧化氮、二氧化碳、一氧化碳等有害气体和各种金属氧化物粉尘，其中，二氧化硫、二氧化氮是刺激性和腐蚀性极强的酸性氧化物。大量燃放时，如果适逢无风或低气压的天气，有害气体一时无法飘散，就会强烈地刺激人的呼吸道，使人咳嗽，引起气管炎等呼吸系统疾病。此外，还会带来噪音污染，损害我们的听力和心血管系统、加大环卫工人的工作量等等问题。

除了燃放烟花爆竹，放孔明灯或者乱扔未熄灭的烟头等都是容易引起火灾和大气污染的行为。

大气污染是指由于人们的生产活动和其他活动，使有毒有害物质进入大气，导致其物理、化学、生物或者放射性等方面的特性改变，使生活环境和生态环境受污染，危害人体健康、生命安全的现象。大气污染扩散速度快，影响范围大，持续时间长，是人类社会常见的公害之一。大气污染的实质，是大气中的不定成分和可变成分中的二氧化碳大量增加，超过大气的本底含量或者自净能力，从而对人类和各种动植物等生物物体造成污染和危害。大气有自净能力，它能通过物理的扩散和稀释、化学反应以及生物学的作用使大气中不定成分的浓度逐渐降低，直至恢复原来的状态。但当所纳污染物的数量超过了一定极限时，它无法通过自净能力恢复。[1]

大气污染的危害主要有以下几个方面：

（1）对人体的危害。大气污染首先危害的是人类自己。大气污染物对人体的危害是多方面的，但其主要表现是呼吸道疾病与生理机能障碍，以及眼鼻等黏膜组织受到刺激而患病。在突然性高浓度污染物的作用下可造成急性中毒，几天之内可夺去成千上万人的生命。在与低浓度污染气体长期接触的情况下，可引起慢性支气管炎，支气管哮喘，肺气肿及肺癌等病症，研究表明，在恶性肿瘤的死亡中，我国城市仍以肺癌的死亡率为最高，这与城市大气污染有直接关系。在国际上曾经发生过两起著名的因大气污染引发的环境公害：一起是 1936 年，因汽车尾气污染引发的洛杉矶光化学烟雾事件，致使当地居民发病率和死亡率急剧增高；另一起是 1952 年，因煤烟污染引发的伦敦雾事件，在短短四天之内死亡四千余人。[2]

（2）大气污染对工业生产的危害。大气污染对机器设备、金属制品、油漆涂料、皮革制品、橡胶制品、纸制品、纺织品和建筑物的危害是严重的，并造成重大的经济损失。据统计，环境污染每年给我国造成的直接经济损失高达 680 亿元，相当于 8 次唐山大地震所造成的损失。而目前，由于酸雨带来的经济损失每年已超过 1100 亿元。

（3）大气污染对农业生产的危害。大气污染使植物生长减慢，发育受阻，叶片褪绿枯萎脱落，品质变劣，产量下降，作物和森林大片死亡。如德国 1986 年因酸雨明显受害的森林面积达 395.7 万公顷，为森林总面积的 53.7%。酸雨不但使整个城市建筑灰暗脏旧，还使土地酸化，病虫

---

〔1〕 周珂主编：《环境与资源保护法》（第 3 版），中国人民大学出版社 2007 年版，第 124 页。

〔2〕 参见周珂主编：《环境与资源保护法》（第 3 版），中国人民大学出版社 2007 年版，第 126～127 页。

害加剧。研究结果表明，我国酸雨覆盖面积已占国土面积 40%，酸雨对我国农作物的危害，仅江苏、浙江等 7 省就造成农田减少约 1.5 亿亩，年经济损失约 37 亿元。而十年前，全国受酸雨污染的农田面积不到 4000 万亩，造成的经济损失约 20 亿元，可见，酸雨给我国带来的问题日趋严重，造成的损失一年比一年多。[1]

（4）大气污染对动植物的危害。大气污染对植物的危害表现为三种情况：第一种是在高浓度污染影响下产生急性危害，使植物表面产生伤斑，或者直接使叶面枯萎脱落；第二种是在低浓度下污染物长期影响产生慢性危害，使植物叶片退绿；第三种情况为不可视危害，指在低浓度污染物影响下，植物外表不出现受害症状，但植物的生理机能却受到了影响，造成植物产量下降，品质变坏。大气污染还会对植物的外形和生长发育产生间接影响，表现为植物生长减弱，对病虫害的抵抗能力降低。[2]

（5）大气污染对天气、气候自然生态的影响大气污染不仅危害人类社会和自然环境，而且会影响天气、气候。大气污染第一可造成局部地区空气变浊，能见度降低，交通事故增多，还使太阳光直接照射到地面的数量大减。植物的光合作用减弱，从而引发一系列变化和反应。第二是城市的"热岛效应"。在大工业城市的上空，因工厂的废气大量排入天空，使近地面气温比四周郊区高 1%~4%，形成局部地区环流，即工业区热空气上升，郊区冷空气从低层吹入市区。这种现象使热量和各种大气污染物长时间在城市上空循环，不易沿下风方向扩散，从而加剧了大气污染，也恶化了城市的生存环境。第三，出现"拉波特效应"。即在大工业城市的下风向地区，由于工厂向天空排放大量的烟尘和其他污染物，烟尘对水蒸气有凝结作用，使下风向雨量增加。第四，出现酸雨。大气

---

〔1〕 参见周珂主编：《环境与资源保护法》（第 3 版），中国人民大学出版社 2007 年版，第 126~127 页。

〔2〕 参见周珂主编：《环境与资源保护法》（第 3 版），中国人民大学出版社 2007 年版，第 126~127 页。

中的硫氧化物、氮氧化物、碳氧化物会发生化学变化形成酸雨。[1]

大气污染对全球气候的影响，是近年来世界各国所关心的严重环境问题之一。人类向大气排放的二氧化碳、氟氯烃等正消耗大气中的臭氧层，而臭氧层是地球的外衣，是保护包括人类的各种生物免受太阳紫外线辐射的威胁所不可缺少的。二氧化碳在大气中的含量增加会造成全球气候变暖，冰川融化，海平面上升，导致洪涝灾害和沿海底地被淹，从而给人类带来灾难后果。

---

[1]　参见周珂主编：《环境与资源保护法》（第3版），中国人民大学出版社2007年版，第126~127页。

第十二条 ［森林防火期限］

本市全年为森林防火期，实行全年森林防火；每年九月一日至次年五月三十一日为森林特别防护期；春节、元宵、清明、中秋、国庆、重阳、冬至、除夕等传统民俗节日及春耕备耕、秋收冬种和预报有高温、干旱、大风天气等森林火灾高发时段为森林高火险期。

［导读与释义］

本条是关于《管理条例》的森林防火期限和森林高火险期的规定。

根据《广东省森林防火条例》第16条和第28条规定制定本条。

《广东省森林防火条例》第16条规定："本省实行全年森林防火，每年十月一日至次年四月三十日为森林特别防护期。县级以上人民政府可以根据实际需要决定提前进入或者延后结束森林特别防护期，并向社会公布。"结合我市森林防火实际，特别防护期延长至次年五月一日。

《广东省森林防火条例》第28条规定："预报有高温、干旱、大风等高火险天气的，县级以上人民政府应当划定森林高火险区，规定森林高火险期。在春节、元宵、清明、中秋、国庆、重阳、冬至等传统民俗拜祭节日及春耕备耕、秋收冬种等森林火灾高发时段，县级以上人民政府可以根据森林防火需要划定森林高火险区，规定森林高火险期。"

本条把《广东省森林防火条例》规定的森林特别防护期延长到每年9月1日至次年4月30日；将春节、元宵、清明、中秋、国庆、重阳、冬至、除夕等传统民俗拜祭节日规定为森林高火险期。是对《广东省森林防火条例》第16条和第28条的具体化和细化。

本条明确了森林防火期限：本市全年为森林防火期，实行全年森林防火；每年 9 月 1 日至次年 5 月 31 日为森林特别防护期；春节、元宵、清明、中秋、国庆、重阳、冬至、除夕等传统民俗节日及春耕备耕、秋收冬种和预报有高温、干旱、大风天气等森林火灾高发时段为森林高火险期。

预防森林火灾的重要性是不言而喻的，森林火灾对森林、林木、林地的破坏性极大，甚至还会威胁到人的安全，因此不仅是在国内，在国际上每年都会拿出很多资金来预防森林火灾的发生。而对于森林火灾，要想避免其发生，也就只能做好预防，一旦发生以后，要想扑灭就很困难。预防森林火灾，最重要的就是搞好宣传，提高人们的防火意识，其次是要管理好野外火源，再次才是打击野外违规用火。

为了提醒人们在野外谨慎用火，所以得规定一个野外用火高发频发的时间段作为防火期。而为什么防火期不是规定在天干物燥的夏天，而是要规定在冬春之际和秋冬之际，即春季防火期和秋季防火期呢？实际上，这仔细想想并不难理解，对于绝大多数森林火灾的发生情况来看，多半是人为因素，至于雷击、地火等自然因素引起的火灾极少，很难遇到这样的情况发生。所以，一般都是把森林防火期规定在野外用火最多的时间段内，这个时期对野外用火要进行严控。

首先是夏季植物处于生长期，水分含量高，不易燃烧。夏季不容易发生森林火灾的因素应该有两个方面：第一是森林枝嫩叶茂，水分较多，且雨水多，林下枯枝腐叶也含有大量的水分，若不是故意纵火，一般不会燃起来；第二是夏季野外用火较少，除了一些人到野外搞野炊以外，很少有农事用火或者其他用火行为。所以这个时期就是非森林防火期。

其次是春季野外用火频繁，火灾多发易发。春季是春耕备耕时节，农事用火都比较频繁。现在在一些林区，因林地与农地相互犬牙交错，很多人到农地里整地时都会将一些杂草铲除堆放在一起烧毁作为土肥。春季因为风大，烧杂草烧灰积肥时，风特容易将一些火星吹到干燥的树林之内，不注意就会酿成火灾。可能是现在年轻人大都外出务工，在家从事农业生产的都是一些上了年纪的老人，在劳动力有限的情况下，疏于打理农地导致杂草丛生，而很多人在整理农地时就没有铲除杂草，而是一把火将其烧了，这样更容易在风助火势的情况下发生森林火灾。

再次是祭祖用火频发。春节和清明节都是在冬春和春夏之际，在这两个节日期间，很多地方都有上坟祭祖燃放烟花爆竹和烧香纸烛的传统，有的地方林区内的坟墓又较多，在祭祖之中烧香纸烛就容易引发火灾。对于比较谨慎的人来说，可能会守着这些东西烧完，而也会有极少部分人把香烛点上以后离开了，就是因为这极少部分人，引起的火灾导致的损失也很难估量。因此为了防范森林火灾的发生，祭祖期间还是不要烧香烧纸了，用鲜花同样能表达自己的一份哀思。

最后是秋季，是收获季节，一些农业废弃物较多，烧除农作物废弃物的情况较多。例如在一些林区种玉米，某些农民在将玉米收回家以后，就会将玉米秆一把火给烧了，而此时同样处于疾风劲草时期，也容易引发森林火灾。

森林防火期主要就是结合每个地区气候特征以及人们的野外用火习惯来划定的，一般在南方大多数地区都会将当年的10月至次年的5月划定为森林防火期，而北方则会在春季与秋季划定两个防火期。划定防火期的意义在这里就不再多说了，相信一个热爱大自然热爱家乡热爱森林的人都能理解。不管我们是什么样的原因需要野外用火，也不管是不是在防火期内，都一定要注意自己的行为，切勿因为自己的一时疏忽，给别人也给自己带来灾难。

由于韶关市的实际需要，《管理条例》把《广东省森林防火条例》规定的森林特别防护期延长了。在森林特别防护期，根据《管理条例》第13条，经县级以上人民政府决定，林业行政主管部门可以设立临时性森林防火检查站，对进入森林防火区的人员和车辆进行火源检查，对携带的火种、易燃易爆物品及其他可能引起森林火灾的物品，实行集中保管，任何单位和个人不得拒绝、阻碍。

　　根据韶关市农事与时令需要，春耕备耕、秋收冬种及预报有高温、干旱、大风天气等森林高火险期，按照《管理条例》，县级以上人民政府应当根据森林防火需要，组织乡镇人民政府和街道办事处在农业生产生活区划定高火险区域，设置森林防火警示标志，开设防火隔离带，并组织人员对野外用火行为进行巡查；县级以上人民政府应当根据森林防火需要在城镇居住区的城市公园、公共绿地、毗邻森林地带划定高火险区域，设置森林防火警示标志，开设防火隔离带，建设森林防火道路、消防水池等设施；组织相关单位制定森林火灾应急处置方案。

　　同时，为了更好地规范野外用火，预防森林火灾，《管理条例》第14条规定："在森林高火险区、森林高火险期内，县级以上人民政府可以发布命令，禁止一切野外用火。"森林火灾重在预防，《管理条例》采取分区、分时段采取不同方式对野外用火进行管理，可以更有效地控制和减少森林火灾的发生，为人民群众创造一个安定安全的生产生活环境。

　　关于春节、元宵、清明、中秋、国庆、重阳、冬至、除夕等传统民俗拜祭节日确定为森林高火险期的问题。从我国和广东本地的风俗习惯来看，但凡春节、元宵、清明、中秋、国庆、重阳、冬至、除夕期间前后都是用火的高发时期。所以，要在上述节日期间加强防护。不过，《管理条例》在起草审议阶段，曾经把中元节也列为高火险期。中元节是韶关当地一个较为重要的节日。中元节，即七月半祭祖节，又称施孤、鬼节、斋孤、地官节，节日习俗主要有祭祖、放河灯、祀亡魂、焚纸锭等。中元节由上古时代"七月半"农作丰收秋尝祭祖演变而来。七月半是民间初秋庆贺丰收、酬谢大地的节日，有若干农作物成熟，民间按例要祀祖，用新米等祭供，向祖先报告秋成，是追怀先人的一种文化传统节日，其文化核心是敬祖尽孝。"七月半"原本是上古时代民间的祭祖节，而被称为"中元节"，则是源于东汉后道教的说法。道教认为七月半是地官诞辰，祈求地官赦罪之日，阴曹地府将放出全部鬼魂，已故祖先可回家团圆，因此将七月半秋尝祭祖节称为"中元节"；佛教中称为"盂兰盆节"。在统治者推崇道教的唐代，道教的中元节开始兴盛，并且逐渐将"中元"固定为节名相沿迄今。佛教这一天是盂兰盆会的日子，内容也是为亡灵超度，盂兰本意是解放倒悬，来自目连救母的故事。中元节乃是三官大帝中元地官的圣诞日，道教将于此日进行超度先人，超度亡魂事，所谓：天官赐福，地官释罪，水官解厄。在广东韶关地区，农历七月十五日前后几天，市民会选择山边、河边或其他特殊意义的地点焚烧纸钱，祭奠亡灵。由于中元节的祭拜地点不固定，而且一般选择室外。所以会产生环境污染和火灾隐患。《管理条例》在后来的研讨中删去了中元节的规定，这是一个遗憾和不足。

第十三条　[分区火源防控]

经县级以上人民政府决定，林业行政主管部门在森林特别防护期可以设立临时性森林防火检查站，对进入森林防火区的人员和车辆进行火源检查，对携带的火种、易燃易爆物品及其他可能引起森林火灾的物品，实行集中保管，任何单位和个人不得拒绝、阻碍。

春耕备耕、秋收冬种及预报有高温、干旱、大风天气等森林高火险期，县级以上人民政府应当根据森林防火需要，组织乡镇人民政府和街道办事处在农业生产生活区划定高火险区域，设置森林防火警示标志，开设防火隔离带，并组织人员对野外用火行为进行巡查。

县级以上人民政府应当根据森林防火需要在城镇居住区的城市公园、公共绿地、毗邻森林地带划定高火险区域，设置森林防火警示标志，开设防火隔离带，建设森林防火道路、消防水池等设施。组织相关单位制定森林火灾应急处置方案。

[导读与释义]

本条是关于《管理条例》的分区火源防控的规定。

根据《森林防火条例》第 26 条、第 27 条和第 28 条，参照《广东省森林防火条例》第 27 条和第 28 条规定制定本条例。

《森林防火条例》第 26 条规定："森林防火期内，森林、林木、林地的经营单位应当设置森林防火警示宣传标志，并对进入其经营范围的人员进行森林防火安全宣传。森林防火期内，进入森林防火区的各种机动车辆应当按照规定安装防火装置，配备灭火器材。"

第 27 条规定："森林防火期内，经省、自治区、直辖市人民政府批准，林业主管部门、国务院确定的重点国有林区的管理机构可以设立临时性的森林防火检查站，对进入森林防火区的车辆和人员进行森林防火检查。"

第 28 条规定："森林防火期内，预报有高温、干旱、大风等高火险天气的，县级以上地方人民政府应当划定森林高火险区，规定森林高火险期。必要时，县级以上地方人民政府可以根据需要发布命令，严禁一切野外用火；对可能引起森林火灾的居民生活用火应当严格管理。"

第 29 条规定："森林高火险期内，进入森林高火险区的，应当经县级以上地方人民政府批准，严格按照批准的时间、地点、范围活动，并接受县级以上地方人民政府林业主管部门的监督管理。"

《广东省森林防火条例》第 27 条规定："森林特别防护期内，县级以上人民政府可以在森林防火区设立临时性的森林防火检查站。执行检查任务的人员应当佩戴专用标志，对进入防火区的车辆和人员进行森林防火安全检查，对携带的火种、易燃易爆物品及其他可能引起森林火灾的物品，实行集中保管，任何单位和个人不得拒绝、阻碍。"

第 28 条规定："预报有高温、干旱、大风等高火险天气的，县级以上人民政府应当划定森林高火险区，规定森林高火险期。在春节、元宵、清明、中秋、国庆、重阳、冬至等传统民俗拜祭节日及春耕备耕、秋收冬种等森林火灾高发时段，县级以上人民政府可以根据森林防火需要划定森林高火险区，规定森林高火险期。在森林高火险区、森林高火险期内，县级以上人民政府可以发布命令，禁止一切野外用火；对可能引发森林火灾的居民生活用火应当严格管理。"本条依据上述法规并结合我市森林防火实际而确定。

本条共分 3 款，第 1 款是规定了森林特别防护期经县级以上人民政府决定，林业行政主管部门可以设立临时性森林防火检查站，对进入森林防火区的人员和车辆进行火源检查，对进入林区的公民携带的火种、易燃易爆物品及其他可能引起森林火灾的物品，实行集中保管，任何单位和个人不得拒绝、阻碍。本款包含了三个方面的内容：其一，设立临时性森林防火检查站的权限。根据《广东省森林防火条例》的有关规定，县级人民政府可以设立临时性森林防火检查站。临时性森林防火检查站的主要功能是防范火源火种被认为带入林区，以避免引发森林火灾。其二，临时性森林防火检查站的具体工作由哪一个部门去实施。显然，林业行政部门承担这一工作职责是最合适的。故《管理条例》规定县级林业行政部门依据县级人民政府的命令，设立临时性森林防火检查站，并安排专人值守，在森林特别防护期开展有关火源火种检查工作。其三是临时性森林防火检查站的职权。《管理条例》在草案起草阶段，对临时性森林防火检查站的职权的规定问题曾引起了很大争议。有人主张：对进入林区的公民进行搜查。还有人主张对进入林区的人员的违禁物品进行扣押。搜查是刑事侦查手段，是指侦查人员依法对于犯罪嫌疑人以及可能隐藏罪犯或证据的人身、物品、住处和其他相关地点进行搜寻、检查的一种侦查行为。[1]搜查具有双重性质，一方面它是侦查机关发现犯罪事实的必要手段之一，出于公共利益和国家安全的考虑，公民对于合法的搜查有配合和容忍的义务；另一方面，搜查作为一种强制性措施，其本质上的强制属性必然带来对公民人身和财产的强制。因此，按照《立法法》的规定，凡是涉及公民人身和财产限制的事项只能制定法律，在立法学上属于立法保留事项。而《管理条例》作为地方性法规是不能作出限制公民人身自由的规定的。而且对搜查这种限制人身自由的措施"法律应当明确具体的实施机关和期限，如果任何行政机关都可以采取限制公民人身自由的强制措施又无期限，必将导致权力滥用，威胁公民的宪法权利"。[2]"而扣押制度作为一种法律强制措施，因其功能的实现是通过作用于有体物或者无体物来达到限制或剥夺公民的财产权利，是对

---

[1] 张云肖："论搜查的法律控制"，中国青年政治学院 2012 年硕士学位论文。
[2] 张正钊、胡锦光主编：《行政法与行政诉讼法》，中国人民大学出版社 2010 年版，第 157、158 页。

公民财产权的干预。扣押是"行政主体对违禁物品等实施是强行留置的行为。"〔1〕《管理条例》对此也不宜作出规定，否则就有越权立法的嫌疑。因此，《管理条例》在草案讨论阶段对本条第 1 款进行了修改，仅作出了对进入森林防火区的人员和车辆进行火源检查。而对携带的火种、易燃易爆物品及其他可能引起森林火灾的物品，实行集中保管。其三是进入林区的公民所应当履行的义务问题。为了加强森林防火措施，本条第 1 款规定了任何公民在森林高火险期，通过临时性森林防火检查站进入林区时必须接受火源火种检查，其所携带的易燃易爆等物品应当主动交给临时性森林防火检查站工作人员予以保管，待离开林区时再取回。任何人不得拒绝这一法律约束。《管理条例》制定本款的依据是国务院发布的《森林防火条例》。《森林防火条例》第 3 条规定："森林防火工作实行预防为主、积极消灭的方针。"第 26 条规定："森林防火期内，森林、林木、林地的经营单位应当设置森林防火警示宣传标志，并对进入其经营范围的人员进行森林防火安全宣传。森林防火期内，进入森林防火区的各种机动车辆应当按照规定安装防火装置，配备灭火器材。"第 27 条规定："森林防火期内，经省、自治区、直辖市人民政府批准，林业主管部门、国务院确定的重点国有林区的管理机构可以设立临时性的森林防火检查站，对进入森林防火区的车辆和人员进行森林防火检查。"第 28 条规定："森林防火期内，预报有高温、干旱、大风等高火险天气的，县级以上地方人民政府应当划定森林高火险区，规定森林高火险期。必要时，县级以上地方人民政府可以根据需要发布命令，严禁一切野外用火；对可能引起森林火灾的居民生活用火应当严格管理。"

本条第 2 款规定了森林高火险期县、镇、乡三级人民政府在春耕备耕、秋收冬种及预报有高温、干旱、大风天气等时期，所应当履行的管理职责。具体而言，各级人民政府的职责有四项：第一，根据森林防火

---

〔1〕 张正钊、胡锦光主编：《行政法与行政诉讼法》，中国人民大学出版社 2010 年版，第 157、158 页。

需要，组织乡镇人民政府和街道办事处在农业生产生活区划定高火险区域；第二，设置森林防火警示标志；第三，开设防火隔离带；第四，组织人员对野外用火行为进行巡查。《管理条例》制定本款的法律依据是《森林防火条例》。《森林防火条例》第29条规定："森林高火险期内，进入森林高火险区的，应当经县级以上地方人民政府批准，严格按照批准的时间、地点、范围活动，并接受县级以上地方人民政府林业主管部门的监督管理。"

本条第3款规定了森林防火工作的应急管理措施。本款主要针对城镇生活区而言，应急措施主要有四个方面，首先，县级以上人民政府应当根据森林防火需要在城镇居住区的城市公园、公共绿地、毗邻森林地带划定高火险区域；其次，县级以上人民政府根据防火需要设置森林防火警示标志；再次，县级以上人民政府根据紧急情况开设防火隔离带，建设森林防火道路、消防水池等设施，以应对森林大火或城镇居民生活区的火情火险；最后，县级以上人民政府组织相关单位制定森林火灾应急处置方案。《森林防火条例》第16条规定："国务院林业主管部门应当按照有关规定编制国家重大、特别重大森林火灾应急预案，报国务院批准。县级以上地方人民政府林业主管部门应当按照有关规定编制森林火灾应急预案，报本级人民政府批准，并报上一级人民政府林业主管部门备案。县级人民政府应当组织乡（镇）人民政府根据森林火灾应急预案制定森林火灾应急处置办法；村民委员会应当按照森林火灾应急预案和森林火灾应急处置办法的规定，协助做好森林火灾应急处置工作。县级以上人民政府及其有关部门应当组织开展必要的森林火灾应急预案的演练。"

我国山地面积占全国面积的约三分之二，政府历来重视森林防火工作，为做好森林防火工作，保护森林资源，早在中华人民共和国建立初期国家就提出了"防胜于救"的工作方针；20世纪60年代初，又全面系统地概括为"预防为主、积极消灭"，作为森林防火工作的基本方针。经过几十年的实践证明，森林防火工作实行"预防为主，积极消灭"的方针是正确的。2008年条例修订仍坚持了"预防为主，积极消灭"的森林防火工作方针。

在森林防火工作中，首先要做好防止森林火灾发生的工作，要采取各种有效措施，预防森林火灾的发生。由于森林植被生长发育的季节性变化和自然、人为因素的作用，一般地说，有森林就有发生森林火灾的可能，只能通过预防性措施才能化解森林火灾多发和危害严重的风险。我国森林火灾隐患长年存在，95%以上的森林火灾都是人为因素引发的，防火工作必须立足于防范。森林火灾不断发生的原因，有客观和主观两个方面。在客观方面，受极端气候事件增多、气候条件不利的影响，近年来一些地方出现了几十年不遇的大旱天气等，导致森林火险等级居高不下，是森林火灾发生的客观因素。在主观方面，一些地方领导重视不够，没有把森林防火工作摆上应有的位置，部分基层疏于管理，没有把森林防火责任落实到山头地块。特别是近年来，森林面积不断增加，进入林区人员增多等因素影响，森林火灾呈现高发频发态势，我国森林防火工作面临形势十分严峻，任务十分艰巨。因此，森林防火必须立足于预防为主。本款积极响应了"预防为主，积极消灭"的森林防火工作方针，并将其落实细化在具体行动上，规定：经县级以上人民政府决定，林业行政主管部门在森林特别防护期可以设立临时性森林防火检查站，对进入森林防火区的人员和车辆进行火源检查，对携带的火种、易燃易爆物品及其他可能引起森林火灾的物品，实行集中保管，任何单位和个人不得拒绝、阻碍。积极做好森林防火的预防工作。

（一）关于森林防火期内设置临时性森林防火检查站的规定

森林防火检查站是防止火源进入森林防火区的重要屏障之一。科学合理地依据当地的地理环境和森林防火需要依法设置森林防火检查站，是森林防火管理的重要手段，对于有效截留火种，预防森林火灾具有特别重要的意义。我国森林火灾绝大部分由人为火源造成，在林区设立防火检查站，可以控制火种的带入。防火检查站的主要任务是做好入山人员管理和严格控制火源。在森林防火期内把好这个"窗口"，可以将火种控制在"窗口"外，减少林区人为火源，减少森林火灾的发生。

森林防火检查站一般设立在进入森林防火区的交通要道旁，是人员和机动车辆进入山林的必经之处。由于地理环境的影响，许多林区要道是联系当地交通的重要公路，设置检查站，必然会因车辆停留给正常通行带来一定程度的影响。森林防火期内，经省、自治区、直辖市人民政府批准，林业主管部门、国务院确定的重点国有林区的管理机构可以设立临时的森林防火检查站，对进入森林防火区的车辆和人员进行森林防火检查。执行中注意以下几点：一是设置时间必须为当地法定的森林防火期。二是设置单位为县级以上林业主管部门、国务院确定的重点国有林区的管理机构。三是设置性质。设立的森林防火检查站是属于临时性的，是允许事项，不是"应当"事项。四是批准机关为省、自治区、直辖市人民政府。五是检查站的权限。对进入森林防火区的车辆和人员进行森林防火检查。

（二）关于森林防火期内，进入森林防火区的人员和车辆的规定

在森林高火险期内进入森林高火险区的组织或人员，在客观上存在引发森林火灾的行为因素，要从严控制和管理。在这样时段和地点开展活动的，必须经县级以上地方人民政府批准，并由林业主管部门监督按照批准的时间、地点、范围开展活动，实现严格管理火源，有效预防森林火灾。在当前的林区社会中，由于经济和社会活动范围的扩大，在森林高火险期内，进入、驻留在森林高火险区的组织或人员数量多，活动时间、目的、性质和特点也不尽一致，都需要当地政府在依法履行审批职责的同时，制定出能满足进入人员需求、方便获得审批手续的便民服务办事程序，方便入山群众，同时将监督管理职责分别落实到林业部门的一线防火人员头上，实行部门管理、分片监督。森林防火期内，进入森林防火区的车辆，特别是没有安装防火装置的大马力车辆、老式机动牵引车进入林区或者在林内作业时，容易出现尾气漏火等情况引发森林

火灾。为此，森林防火检查站有权并应该认真对进入森林防火区的人员和车辆进行火源检查，对携带的火种、易燃易爆物品及其他可能引起森林火灾的物品，实行集中保管，任何单位和个人不得拒绝、阻碍。

本条第2款规定在森林高火险期，县级以上人民政府应当根据森林防火需要，组织乡镇人民政府和街道办事处在农业生产生活区划定高火险区域，设置森林防火警示标志，开设防火隔离带，并组织人员对野外用火行为进行巡查。

（一）关于森林高火险区

本款规定划定在农业生产生活区划定高火险区域的主体是县级以上人民政府。森林高火险区是指预报有高温、干旱、大风等高火险天气的森林防火区。不同于前面所规定的森林防火区，既有可能是当地森林防火区的一部分甚至于一小部分，也可能是整个区域。森林高火险区不是可以固定下来的区域，不能理解为森林防火区中的高火险区域，也不能一次性划定，它是跟随高温、干旱、大风等高火险天气影响范围而出现和变化的，每次高火险天气过程都会在范围上有所不同。

（二）关于设置警示标志

《森林防火条例》第26条第1款规定："森林防火期内，森林、林木、林地的经营单位应当设置森林防火警示宣传标志，并对进入其经营范围的人员进行森林防火安全宣传。"本款规定县级以上人民政府应当根据森林防火需要，组织乡镇人民政府和街道办事处设置森林防火警示标志，开设防火隔离带。森林防火警示宣传标志，立足于能时刻提醒、警示森林火险。落实和执行好本条款规定，第一，地方政府和森林、林木、林地的经营单位要设置警示宣传标示，并保证一定资金的投入；第二，在林区交通要道、入山口、村庄旁等人口流动密集处广泛设置标准化的森林防火警示宣传标志，并且要维护、刷新；第三，政府和森林防火管理部门要研究和制定森林防火警示宣传标志和其他宣传物的设置密度标准，以督促森林经营单位和基层政府切实营造出强烈的森林防火警示宣传氛围，使每一个进入森林防火区的人能受到强烈的视觉冲击，牢记森林防火。如吉林省森林防火部门和交通部门共同研究制定了林区道路两侧设置森林防火宣传旗的标准要求，规定干线公路每隔 5 公里不少于 1 处，每个林区村庄都要设置宣传旗、预警旗，宣传火险和"12119"森林火情报警电话等，全省林区多年坚持在每一个森林防火期都普遍设置森林防火警示宣传"旗阵"，每年用于春秋防火宣传投入都在几百万元，宣传效果十分显著。群众使用"12119"报警电话报告森林火情和野外违章用火的，每年达到 400 余起次，拓展了群众参与预防工作的空间，使森林火灾预防工作始终保持在有效控制的水平上。第四，坚持警示宣传和行政管理、依法治火手段有机结合，既不能只抓教育不抓管理，也不能只顾严管重罚不注意教育疏导。要把宣传工作做细、做全、做实。对于森林防火期内森林、林木、林地的经营单位未设置森林防火警示宣传标志的，应通过监督检查等手段责令改正、警告或予以依法处罚。

本条第 3 款规定："县级以上人民政府应当根据森林防火需要在城镇居住区的城市公园、公共绿地、毗邻森林地带划定高火险区域，设置森林防火警示标志，开设防火隔离带，建设森林防火道路、消防水池等设施。组织相关单位制定森林火灾应急处置方案。"

森林防火期内，往往是会出现高温、干旱、大风等几方面不利因素交织在一起的高火险天气，一旦在此种情况下发生森林火灾，往往是人力不及的，后果不堪设想。此时的森林防火管理工作必须以高森林火险预警响应、紧急应对为主线，采取超常规措施进行全力防范，千方百计杜绝森林火灾发生。

近年来，我国气候异常，极端天气事件频繁，台风、洪涝、森林火灾等自然灾害多发。目前，我国仍处于自然灾害的易发时期，党中央、国务院高度重视防灾抗灾救灾工作，为提高政府保障公共安全和处置突发公共事件的能力，最大限度地预防和减少突发公共事件及其造成的损害，2006 年 1 月 8 日国务院发布《国家突发公共事件总体应急预案》。国家明确把森林火灾的防范与处置列入突发事件的应急预案体系中，并作为各级政府应急管理的专项应急预案来管理。森林火灾突发性强，为了应对突发的森林火灾，迅速实施有组织的控制和扑救，最大限度地减少森林火灾造成的损失，必须事先制定森林火灾应急预案。森林火灾应急预案，是各级人民政府林业主管部门根据森林防火管理区域的具体情况，根据以往扑火经验，针对森林火灾的发生，提前编制的扑火应对工作方案。2006年国务院发布了《国家处置重、特大森林火灾应急预案》，为有效预防和扑救森林火灾，各级人民政府林业主管部门相应制定了森林火灾应急预案。森林火灾应急预案是贯彻落实"预防为主、积极消灭"方针的一项重要内容。森林火灾应急预案的制定，使森林火灾扑救工作有章可循、有条不紊。

县级人民政府在完成本级森林火灾应急预案编制后，还应当组织乡（镇）人民政府依据应急预案制定当地的森林火灾应急处置办法，以快速组织各个林场、森林经营单位及村民委员会就近对森林火灾实施应急处置。村民委员会应当按照本县森林火灾应急预案和本乡镇森林火灾应急处置办法的规定，协助做好森林火灾应急处置工作。

为切实做好各项应急处置森林火灾的工作，正确处理因森林火灾引发的紧急事件，确保在处置森林火灾时反应及时、准备充分、决策科学、措施有力，把森林火灾的损失降到最低程度，地方各级人民政府及其有关部门应当有计划有组织地开展森林火灾应急预案实战演练活动。森林火灾应急预案演练，是指在特定的时间和地点，由县级以上各级人民政府森林防火指挥机构、林业主管部门组织专业队伍或相关应急人员，以森林火灾应急预案或其中部分内容为假设情景，按照所规定的职责和程序，执行应急响应任务的训练与演习活动。开展森林火灾应急预案演练的主要目的：一是用模拟实战的办法检验应急预案的适用性、有效性和可操作性，以便修改完善应急预案，使预案更符合实战需要。二是提高各级森林防火指挥机构在扑救森林火灾中的快速反应能力、科学决策能力、组织协调能力和后勤保障能力，明确各级森林防火指挥机构成员单位的职责。三是明确应急指挥与处置程序，规范应急管理工作。四是锻炼提高专业队伍和相关人员以及群众扑救队伍的扑火技能、体能和紧急避险能力。五是强化监测预警、信息报告等工作机制。2006 年 6 月 15日，国务院《关于全面加强应急管理工作的意见》（国发［2006］24 号）中提出"要加强对预案的动态管理，不断增强预案的针对性和实效性。狠抓预案落实情况，经常性地开展预案演练，特别是涉及多个地区和部门的预案，要通过联合演练等方式，促进各单位的协调配合和职责落实"。

在应急防火方面，韶关市政府各部门扎实开展相关工作，据了解，全市在高火险期间，全市建立了县、镇、村三级防火责任制，推行县领导包镇、镇干部包村、村干部包山头路口责任机制，并将责任细化落实到每个岗位、每个人员，确保每一个区域、每一个山头都有专人巡查、专人负责、专人监管，实现网络化管理。重点督查森林防火宣传、主要进山路口森林防火检查点设置、护林员巡山护林在岗、镇村干部值守等工作落实情况及违法用火和森林火灾案件查处等情况。公安、民政、应急管理、教育、林业等部门结合各自防治职责，切实履行行业管理责任，并积极动员干部职工参与值守巡护工作，全力配合，形成工作合力。同时，充分发挥镇村基层党组织和基层林业站的作用，在重点森林景区、重要林区、交通要道以及公墓、散坟聚集地设置防火临时检查站并配备专职检查人员值班把守，对进山的车辆和人员进行安全检查、警示教育、收缴火种，把火源隐患堵截在山下林外。把防火责任落实到各级政府、各有关部门、各个行政辖区和单位，层层落实，层层细化。加大森林防火责任追究力度，实行责任倒查和逐级追查，做到事故原因不查清不放过，事故责任者得不到处理不放过，整改措施不落实不放过，教训不吸取不放过。对发现火灾隐患不作为、发生火情隐瞒不报贻误扑火时机、防火责任不落实、组织扑火不得力等失职、渎职行为，并造成重大损失或重大伤亡的，要依法依纪严肃追究有关责任人员的责任。

第十四条 [发布命令]

在森林高火险区、森林高火险期内，县级以上人民政府可以发布命令，禁止一切野外用火。

[导读与释义]

本条是《管理条例》关于县级人民政府在森林高火险区、森林高火险期内，县级可以发布命令的规定。本条是授权条款。根据《广东省森林防火条例》第28条规定制定本条例。

《广东省森林防火条例》第28条规定："预报有高温、干旱、大风等高火险天气的，县级以上人民政府应当划定森林高火险区，规定森林高火险期。在春节、元宵、清明、中秋、国庆、重阳、冬至等传统民俗拜祭节日及春耕备耕、秋收冬种等森林火灾高发时段，县级以上人民政府可以根据森林防火需要划定森林高火险区，规定森林高火险期。在森林高火险区、森林高火险期内，县级以上人民政府可以发布命令，禁止一切野外用火；对可能引发森林火灾的居民生活用火应当严格管理。"结合韶关市森林防火实际，在森林高火险期，本市行政区域内严禁一切野外用火行为。

关于划定森林高火险区、规定森林高火险期、发布禁火令的主体。

本条规定，划定森林高火险区和规定高火险期的主体是县级以上地方人民政府。森林防火期内，预报有高温、干旱、大风等高火险天气的，县级以上地方人民政府应当划定森林高火险区，规定森林高火险期。在森林高火险区、森林高火险期内，县级以上人民政府可以发布命令，禁止一切野外用火。国务院办公厅《关于进一步加强森林防火工作的通知》

规定，"严格执行野外火源管理规定，地方政府要适时发布禁火令，重点林区遇五级风以上高火险天气，一律停止野外生产、生活用火"。根据火险形势和火源管制任务，县级以上地方人民政府可以采取最高级别的行政管制手段，即可以发布命令，严禁一切野外用火。之所以针对高火险状态作出这样的规定，主要是考虑到全面禁止野外用火会引起许多生产不便，造成管理成本提高。而在持续干旱、高温、大风状态下，野外可燃物全部处于极易燃烧的状态，并可在强风甚至于瞬间大风、气旋作用下引燃周围大片的森林区域，造成不可控制的森林火灾。这实际上是在非常情况下作出的必要的管制措施。

当大风为主要动力的高森林火险来临时，县级以上地方人民政府可以发布命令，对可能引起森林火灾的居民生活用火严格管理。实际上就是在全面禁止一切野外用火的基础上，进一步规定森林危险范围内的居民不得生火做饭及取暖，以防止大风条件下烟筒跑火进山，造成无法扑救的森林火灾。一旦实施这样的高火险用火管制命令，要全面发动各级领导和工作人员逐家逐户通知和落实，并用一切传播工具进行反复通告，并相应落实传达和管理责任制度，确保禁火措施不出疏漏。

本条的立法目的是通过授权行政机关（县级人民政府）发布命令的权限，以便在特殊时期禁绝一切野外用火行为，从而达到杜绝火灾发生的可能性。此处所称的"命令"，在内容上是指禁火令。禁火令是特定的行政机关在高温、干旱、大风等高火险天气条件下森林消防工作需要，确保森林安全依据有关法律法规所发布的禁止一定范围内用火的行政命令。禁火令一般以通告形式，包括禁火期限、禁火区域范围、禁火种类、违反禁火令的责任以及举报电话等内容。在性质上，禁火令属于行政命令。按照通俗用法来理解，行政命令泛指政府的一切决定和措施。而行政法上的行政命令，是指行政主体依法要求行政相对人为或不为一定行为的意思表示，是行政行为的一种形式，但不是唯一形式。行政命令有口头命令和书面命令，包括指令和责令。行政命令必须合法、有据，严格遵守法定程序。行政命令在有些情况下，是行政机关实施行政强制的前提和条件。行政命令虽然在现代社会已经融入了"民主、平等、协商、服务等非命令性精神和理念，但仍然不能抹去它的发号施令的喜好"[1]行政命令的特征有：行政命令的主体是行政主体；行政命令是一种意思表示行为；行政命令是一种设定义务性行为；行政命令的实质是为行政相对人设定行为规则；行政命令以行政处罚或行政强制执行为保障；行政命令是依职权行政行为；行政命令适用特定的程序。

由于"行政命令是行政主体对行政相对人课以特定义务的行为，是一种基础性的、典型的行政决定行为"[2]，这种决定行为可以按照不同的对象来划分：对于一般事件来说，它是一种抽象的行政行为；对于具体事件来说，则是一种具体的行政行为。无论是抽象的行政行为还是具体的行政行为，都具有强制性和约束力，下级或个人都不能违背。行政命令的分类，通常有以下几种：①公布令，即行政机关就具体事件所发出的指示、规定、通知、通告等；②法规命令，即行政机关按照职权范围对一股事件所定出的规程规定、细则、办法等；③委任命令，即行政机关根据法律的明文规定或者上级机关的委任、授权所发布的命令；④执行命令，即行政机关或行政首脑按照法律规定的职权所颁布的命令。一般而言，行政命令与法律，尤其是与法律的实施有密切的关系。所以，常常有人把法律和命令合称为"法令"。立法上，法律必须依据行政长官的命令来颁发；在法的实施方面，某些法律或者某部法律的部分条文需要以命令的形式来实施，命令可把法律为详细规定的内容细化、补充。所以，从一定程度上讲，法律和命令是相互联系，相互配合、相互协调、相辅相成的关系。

---

〔1〕 姜明安主编：《行政执法研究》，北京大学出版社 2004 年版，第 129 页。
〔2〕 曹实："行政命令与行政处罚的性质界分"，载《学术交流》2016 年第 2 期，第 110~116 页。

第十五条　　［祭祀用火管理］

具备条件的村民委员会、村民小组可以设置公共祭祀点，组织、引导公民进行集中祭祀。

支持和鼓励公民移风易俗，采用绿色、环保、文明方式祭祀。

［导读与释义］

本条是《管理条例》关于祭祀用火管理的规定。

根据《大气污染防治法》第83条，同时借鉴了《梅州市森林火源管理条例》第14条第3款规定制定本条例。《大气污染防治法》第83条规定：国家鼓励和倡导文明、绿色祭祀。本条是把《大气污染防治法》第83条规定具体化，对文明祭祀作出倡导性规定。

《管理条例》在起草阶段，草案借鉴了广东省梅州市制定的《梅州市森林火源管理条例》。《梅州市森林火源管理条例》第14条第3款规定："森林防火期内，在墓地较为集中的地域，确需焚烧祭祀、宗教用品的，镇人民政府、街道办事处或者自然保护区、风景名胜区、森林公园、国有林场、工业园区等的管理机构报市、县级人民政府决定调整防火区的范围后，就近设立集中处理点，并做好用火安全防范措施。"《管理条例》参考借鉴了广东省梅州市设立集中祭祀点的做法。

本条共分2款。第1款属于引导性的规范，也是授权规范。规定了具备条件的村民委员会、村民小组可以设置公共祭祀点，组织、引导公民进行集中祭祀。考虑到实际情况的差异性，本款在立法用语上使用了"具备条件"和"可以"两个词。避免不切实际地一刀切的强制规定，仅对那些人口集中、靠近山林或林区的村民委员会和村小组可以设置公共祭祀点。对于那些人口稀少，远离山林的村民不作硬性要求。充分体现了地方立法遵循从实际出发，实事求是的基本原则。让立法能够接地气，符合实际。第2款是倡导性规定，支持和鼓励公民移风易俗，采用绿色、环保、文明方式祭祀。本条表面上是规定祭祀的内容，实际上是防范和减少野外用火行为的发生。众所周知，在祭祀活动中，必然会有野外用火行为。而祭祀中的野外用火行为是引发山火的重要因素。2015年4月4日，被告人杨某甲在新丰县遥田镇高墩村标古窝山段扫墓燃烧祭祀用品时，不慎引发山火。山火发生后，被告人杨某甲与其家人组织村民在现场积极参与救火。经林业部门鉴定，过火面积12.4公顷，过火树种为松、杉、桉树，林木蓄积220.18立方米，林木损坏价值为人民币101 436.70元。法院认为，被告人杨某甲的行为已构成失火罪。[1]2018年3月4日，违法嫌疑人谭某（江西人）与其同姓的2名村民到始兴县司前镇拜祭祖地，违反始兴县人民政府《森林防火禁火令》，将香烛纸钱都摆放好后，便将爆竹点燃了，非法实施野外用火行为，依据《治安管理处罚法》第50条第1款之规定，公安机关依法对赵某作出行政拘留5日的处罚。

关于村民委员会在野外用火管理工作中的职责。《村民委员会组织法》第2条第1、2款规定："村民委员会是村民自我管理、自我教育、自我服务的基层群众性自治组织，实行民主选举、民主决策、民主管理、民主监督。村民委员会办理本村的公共事务和公益事业，调解民间纠纷，协助维护社会治安，向人民政府反映村民的意见、要求和提出建议。"第9条第1款规定："村民委员会应当宣传宪法、法律、法规和国家的政策，教育和推动村民履行法律规定的义务、爱护公共财产，维护村民的合法权益，发展文化教育，普及科技知识，促进男女平等，做好计划生育工作，促进村与村之间的团结、互助，开展多种形式的社会主义精神文明建设活动。"

---

〔1〕 详见广东省新丰县人民法院刑事判决书［2015］韶新法刑初字第85号。

　　由此可见，作为基层的群众自治性组织在防范火灾的野外用火管理工作中也担负着重要的责任。按照本条的规定：具备条件的村民委员会、村民小组可以设置公共祭祀点，组织、引导公民进行集中祭祀。支持和鼓励公民移风易俗，采用绿色、环保、文明方式祭祀。一方面，立法须从实际出发，充分考虑到各地的实际情况差异性。所以，本条第1款特别限定了仅有具备条件的村民委员会和村民小组设置置公共祭祀点，组织、引导公民进行集中祭祀。另一方面，由于村民委员会和村民小组属于群众自治性组织，地方立法不宜增设它的强制性义务。所以，本条在立法研讨时，将"应当"修改为"可以"。这样，更符合立法精神和原则，条文更具合法性。

　　中共中央印发的《新时代公民道德建设实施纲要》提倡积极践行绿色生产生活方式。绿色发展、生态道德是现代文明的重要标志，是美好生活的基础、人民群众的期盼。要推动全社会共建美丽中国，围绕世界地球日、世界环境日、世界森林日、世界水日、世界海洋日和全国节能宣传周等，广泛开展多种形式的主题宣传实践活动，坚持人与自然和谐共生，引导人们树立尊重自然、顺应自然、保护自然的理念，树立"绿水青山就是金山银山"的理念，增强节约意识、环保意识和生态意识。开展创建节约型机关、绿色家庭、绿色学校、绿色社区、绿色出行和垃圾分类等行动，倡导简约适度、绿色低碳的生活方式，拒绝奢华和浪费，引导人们做生态环境的保护者、建设者。

　　建设公共祭祀点，是做好传承传统忠孝文化与保护自然生态环境相结合的创新举措。为引导市民自觉破除丧葬陋习开展文明祭祀活动，切实增强森林防火意识，达到"火源不入山，森林才平安"的目标，设立集中祭祀点，一方面能有效地防范森林火灾，另一方面又充分尊重了人们的传统习俗，可以让绝大多数老百姓普遍接受，不失为一种助力乡风文明的两全之策。祭祀扫墓是人之常情，但是一定要时刻树立防火意识，消除侥幸心理，严格遵守政府要求，在防火戒严期间严禁山间用火，坚决杜绝发生清明时节"火纷纷"现象。同时提倡文明祭祖、节俭祭拜、鲜花祭拜等方式，这样同样能够表达对逝者的追思。

在强化森林防火措施的同时，韶关各地各部门还着重从思想根源上，积极扭转群众烧纸钱、放鞭炮等祭祀陋习，树立文明祭祀新风，最大限度减少森林火灾发生。如仁化县创文、民政、林业等部门联合组织开展网上祭祀、鲜花祭祀、植树祭祀等文明健康安全的祭祖仪式，通过献一束花、植一棵树以及清扫墓碑、诵读祭文等方式寄托哀思，以肃穆、环保、节约、安全的文明方式缅怀逝者。目前，韶关严控野外用火、保护生态环境的森林防火工作举措已得到市民的广泛认可和赞赏，文明健康、绿色生态的祭祀理念已逐步流行，全市上下着力营造了一个清风徐来、节日清朗、环境清净的良好氛围。

（1）转变观念，倡导文明祭祀。自觉摒弃不文明的祭祀方式，不在路边、广场、小区、树林、草坪、建筑物等场所焚烧纸钱、冥物、燃放鞭炮。主动采取敬献鲜花、植树绿化、踏青遥祭、经典诵读、网络祭祀等低碳、环保的方式缅怀故人，让文明祭祀成为一种习惯。

（2）传承美德，倡导节俭祭祀。发扬中华民族的传统美德，尊老、敬老、爱老、助老，树立厚养薄葬的新观念。老人在世时，多尽孝道，使他们老有所养、老有所乐；老人去世后，不大操大办、铺张浪费、相互攀比，以节俭方式寄托哀思，让逝者欣慰，让生者无憾。

（3）移风易俗，倡导绿色祭祀。积极推进殡葬改革，推行树葬、花葬、壁葬、草坪葬等节地生态葬法，提倡骨灰撒散或者深埋、不留坟头。不私建坟墓，把更多的人类生存土地留给子孙后代。在祭扫过程中不带冥币、烧纸，自觉抵制不良祭祀方式，不乱扔杂物、不破坏花草树木，保护生态环境。

（4）遵守秩序，倡导安全祭祀。清明期间，正值人流和车流高峰，交通拥堵。广大市民应合理安排祭扫时间，避开高峰，错峰出行。自觉遵守祭扫秩序，增强安全意识，严防火灾、踩踏、车辆事故等不安全情况的发生，确保祭扫活动安全、顺畅、有序、文明、和谐进行。

（5）模范带头，倡导科学祭祀。广大党员干部要率先垂范，树立科学的祭祀观念，做告别陋习、文明祭祀的先行者、带头者，积极向亲朋好友及身边群众宣传文明祭扫知识，禁止封建迷信活动。并以身作则，在遗体火化、生态安葬、节俭治丧、文明祭祀方面发挥表率作用，以实际行动影响和带动身边的群众。

第十六条　[秸秆利用]

县级人民政府应当引导农业经营企业及经营者利用秸秆腐化、氨化等技术综合利用秸秆，并将秸秆利用的技术、设备、项目纳入资金扶持范围。

鼓励农业生产者和经营者采用先进技术收集田基、荒地的草木，进行移除处理和回收利用。

乡镇人民政府应当合理设置秸秆收储点。

[导读与释义]

本条是《管理条例》关于秸秆利用的规定。

根据《大气污染防治法》第73条和第76条，同时借鉴了浙江嘉兴市《嘉兴市秸秆露天禁烧和综合利用条例（草案）》第10条、第11条、第12条和第15条规定制定本条例。

《大气污染防治法》第73条规定："地方各级人民政府应当推动转变农业生产方式，发展农业循环经济，加大对废弃物综合处理的支持力度，加强对农业生产经营活动排放大气污染物的控制。"

《大气污染防治法》第76条规定："各级人民政府及其农业行政等有关部门应当鼓励和支持采用先进适用技术，对秸秆、落叶等进行肥料化、饲料化、能源化、工业原料化、食用菌基料化等综合利用，加大对秸秆还田、收集一体化农业机械的财政补贴力度。"

县级人民政府应当组织建立秸秆收集、贮存、运输和综合利用服务体系，采用财政补贴等措施支持农村集体经济组织、农民专业合作经济组织、企业等开展秸秆收集、贮存、运输和综合利用服务。

《秸秆禁烧和综合利用管理办法》第 6 条第 1 款规定："各地应大力推广机械化秸秆还田、秸秆饲料开发、秸秆气化、秸秆微生物高温快速沤肥和秸秆工业原料开发等多种形式的综合利用成果。"第 7 条规定："秸秆禁烧与综合利用工作应纳入地方各级环保、农业目标责任制，严格检查、考核。"第 8 条规定："对违反规定在秸秆禁烧区内焚烧秸秆的，由当地环境保护行政主管部门责令其立即停烧，可以对直接责任人处以 20 元以下罚款；造成重大大气污染事故，导致公私财产重大损失或者人身伤亡严重后果的，对有关责任人员依法追究刑事责任。"

本条共 3 款，第 1 款规定了县级人民政府在秸秆等农业废弃物利用方面所应当承担的职责。具体而言要做好两个方面的工作，其一，引导农业经营企业及经营者利用秸秆腐化、氨化等技术综合利用秸秆，使之变废为宝，化害为利。其二，县级人民政府将秸秆利用的技术、设备、项目纳入财政资金扶持范围，运用财政、金融、税收等手段和工具扶持相关企业，引导社会资本投入秸秆等农业废弃物综合利用领域。第 2 款属于倡导性的规定，整个社会都应当鼓励、支持农业生产者和经营者采用先进科学技术收集田基、荒地的草木，进行移除处理和回收利用。此处先进的科学技术应当是指符合绿色环保要求，既能产生经济效益又能保护生态环境的技术或工艺。本款所称的收集、移除、回收是指不以焚烧为手段的其他符合生态环境保护目的的农作物废弃物处理方式方法。第 3 款主要规定乡人民政府和镇人民政府应当合理设置秸秆收储点。乡镇两级政府在秸秆等农业废弃物利用和管理工作中应当肩负起其应有的职责。秸秆等农业废弃物之所以常常被一烧了之，其中一个重要的原因是没有相应的部门来管理和引导。如果，乡镇人民政府能够设置合理的秸秆等农业废弃物收储点，方便农民堆放、收储，那么，焚烧秸秆等农业废弃物的行为就会大大减少。本条第 3 款所称的"合理"主要包含以下几层意思：首先，乡镇人民政府应当采取就近原则，方便群众运输的地方设置收储点。其次，秸秆等农业废弃物的收储点应当是安全、可靠，不会因堆放而发生自燃等失火现象。最后，秸秆收储不是最后的目的，乡镇人民政府设置收储点主要是方便农民处理田间地头的秸秆等农业废弃物，同时也方便那些秸秆回收利用企业找到批量原材料，为这些企业集中提供大量原材料。

本条例所称秸秆，是指水稻、玉米、油菜、花生、甘蔗以及其他具有地上茎秆的植物茎叶。秸秆是农作物茎秆的统称，秸秆一词在南方和北方有不同的理解。在北方主要是指高粱、小麦、玉米、棉花等植物茎叶；而在南方则主要是指：稻草、甘蔗茎叶、蒌蒿等。

因焚烧秸秆而产生的环境污染已经成为我国大气污染的一个重要因素。2018年7月9日在第十三届全国人民代表大会常务委员会第四次会议上，全国人大常委会委员长栗战书在《全国人民代表大会常务委员会执法检查组关于检查〈中华人民共和国大气污染防治法〉实施情况的报告》中指出："秸秆综合利用不足。大气污染防治法第七十六条要求建立秸秆收集、贮存、运输和综合利用服务体系。目前一些地区秸秆的收贮运配套政策措施不足，没有建立有效的秸秆收贮体系，严重制约了秸秆的综合利用。近年来，东北地区在春播秋收季节多次因秸秆焚烧造成大面积重污染天气。"

按照广东省省委"一核一带一区"区域发展新格局，韶关属于北部生态发展区。如何加强生态保护，守护好韶关碧水蓝天青山？伴随着韶关市农林经济快速发展，秸秆利用不合理问题凸显，秸秆在田间地头露天焚烧和堆砌成为农村环境保护的瓶颈问题，还造成环境污染，影响居民生活。当前，韶关市对秸秆的综合利用途径主要为：腐化成有机肥、作为饲料、作为生物质能源原料、作为生产基质成为食用菌基料，或经技术处理制成"秸秆板"等工业原料。但由于秸秆收集贮运体系不完善、秸秆产业化水平低、秸秆综合利用科技水平有待提升等，影响其综合利用效果。为此，有专家建议：一是注重政策引导。政府部门应加强规划，统筹考虑秸秆综合利用项目和产业化布局，制定、落实有利于秸秆综合利用的财政、投资、税费、价格等政策，疏堵结合综合治理焚烧秸秆问题。二是加强秸秆收储体系建设。建设和培育秸秆收储市场，大力推进秸秆收储点（站）建设，建立以企业和农民合作组织为龙头、农户参与、县乡（镇）人民政府监管、市场化运作的秸秆收集和储运体系。三是加大财政投入，鼓励、支持院校和企业开展秸秆综合利用技术与设备的研发，对秸秆综合利用项目给予信贷贴息补贴支持等。

此外，要严禁秸秆焚烧，广泛宣传焚烧秸秆的危害、综合利用秸秆的好处，以及有关秸秆禁烧和综合利用的技术措施、法律法规和政策规定，严禁秸秆焚烧，从而达到"以禁促用"目的。"禁止"与"利用"要两手抓，相互配合，相互支持，才能从根本上解决秸秆焚烧污染环境的问题。

秸秆是很好的可利用资源，如能将其科学处理制成优质生物有机肥、基质，归还到土壤中，可大大增加土壤有机质和养分含量，解决土壤板结和耕性变差等问题，从根本上解决了肥力下降和土壤重金属超标的问题，使土壤得到全面改良。就近收集并加工处理秸秆废弃物，是一件利国利民的大好事，不仅杜绝了秸秆焚烧造成的大气污染，而且把秸秆加工成有机肥料供应给当地果蔬农户及其他种植户用以改善土壤质量，增加农作物的产量。[1]

目前常用的秸秆处理方法有物理、化学及微生物方法等。物理、化学方法具有投入少、易处理等优点，可以广泛推广。复合化学方法是指使用几种化学试剂同时处理粉碎秸秆。[2]

用作畜牧饲料。随着我国畜牧业的快速发展，饲料资源短缺问题日益凸显，并逐渐成为畜禽养殖过程中急需改善或解决的核心问题；制备化工产品。秸秆通过处理、水解、发酵等过程可制备工业乙醇和生物乙

---

〔1〕 巫升平："秸秆废弃物的处理及综合利用"，载《四川农业与农机》2017 年第 4 期，第 38~39 页。

〔2〕 王芳等："复合化学方法对玉米秸秆的处理效果研究"，载《安徽农业科学》2018 年第 36 期，第 74 页。

醇等；用做食用菌基质。将农作物秸秆粉碎用作养殖食用菌基质是一项新型食品方面相关术；秸秆腐熟堆肥。秸秆用作肥料具有腐熟周期短、产量高等优点，相对于物理和化学应用节省人力物力、安全环保，且成本较低，秸秆中有机物质腐殖化后，其中的微量元素、有机物还能够回归土壤、增加土壤肥力、避免二次污染，符合绿色环境发展要求。

利用微生物处理农作物秸秆后再还田，不仅使农作物秸秆中的纤维素、半纤维素分解为可溶性的糖类，秸秆中的木质素经过微生物降解后，大大提高了秸秆消化率，而且将分解后的糖类、有机物质等继续还田有利于提高土壤质量。[1]

长期以来，农作物秸秆是我国农村家庭生活使用的主要能源。随着农村家庭生活能源日益多样化，过去长期作为生活能源的秸秆逐渐被电、煤气、太阳能等取代，导致秸秆资源过剩，大量被浪费在田间村头。不少农民为了抢农时、抢播种、图省事，选择将秸秆就地焚烧。近几年，秸秆露天焚烧造成大气环境受到严重污染和引发森林火灾的事件时有发生。随着雾霾天数的不断增多，老百姓对秸秆露天禁烧和综合利用的呼声也日益高涨。根据韶关大气污染监测数据分析，秸秆焚烧已成为我市特定时段空气污染的主要原因之一。因此各级人民政府、从事种植业生产的个人和组织都应当对秸秆进行综合利用，减少大气污染。本条依据《大气污染防治法》第73条，同时借鉴了浙江嘉兴市的成熟做法作出了规定。

除了秸秆，田基、荒地的草木同样可以利用起来，既能防止因为焚烧草木导致安全隐患和大气污染，又能利用草木创造价值。

长期以来，人们对于不希望的物种给予"害"或"杂"的称号，以斩草除根为后快。着现代生物科学的发展与自然资源可持续利用观念的增强，人们逐渐认识到杂草的利用价值。杂草通常被人们认为百无一用。

---

〔1〕 孙丽娜等："秸秆的微生物处理处置及强化技术研究进展"，载《沈阳大学学报（自然科学版）》2018年第3期，第188~190页。

甚至是有害于农业，有害于生态环境。但事实上，如果管理利用得当，杂草可以起到防风固沙、涵养水源和绿化环境的效果，并有利于保护物种多样性与生境多样性。杂草不仅是一种潜在的生物质资源，而且还可以作经济作物，如泽漆，有的可以直接食用，如蕺菜。因此，看似不起眼的杂草却潜藏着巨大的经济利用价值，是重要的自然资源和经济资源。

（一）杂草的生态价值

1. 杂草的固土护坡和防风固沙作用。大自然中具有强大根系的杂草能够固定土壤、减少水土流失；减少田间空地暴露面，加强光能利用率；增加土壤有机质，不断完善土壤理化生物性状；加强食物链的紧密性、多样性；防止生态网络间断等重要作用。此外，杂草根系通过与土壤的缠绕作用达到稳定土体结构，从而加强土壤抗冲蚀的能力，同时杂草茎叶也起到一定的水文效应，护坡效果十分明显。[1]

2. 杂草的净化空气价值。杂草具有良好的净化空气能力。国内外大量研究表明。杂草具有净化空气的能力，多数杂草能散发自然的清香，是天然的空气清新剂。而就生态学而言，杂草叶片有吸收二氧化硫、二氧化碳等致污染废气，释放氧气的能力，并能够吸滞空气中飘浮的烟灰和粉尘，减少空气中的细菌数量。杂草除了对空气中的有害气体有净化作用外，对水体中的重金属离子等小分子污染物也有较明显的祛除作用，在水土改良等方面具有一定的生态效益。[2]

3. 杂草的园林绿化作用。杂草的绿，也是植物的绿，同样可以进行光合作用，吸收二氧化碳，释放氧气，也能吸烟滞尘，涵养水源保持水土。再者说，杂草还有本土化的优势，适应本地气候，有利于保持自然的珍贵的原生态。在我们绿化达不到的地方，在不对庄稼和园林植物造成危害的时候，给野草留一点生存的空间，给地球多积累一些绿，多营

---

〔1〕　王树昌、吕勇、于晓玲："杂草的价值及防控技术研究进展"，载《安徽农业科学》2017 年第 36 期，第 149~153 页。

〔2〕　王树昌、吕勇、于晓玲："杂草的价值及防控技术研究进展"，载《安徽农业科学》2017 年第 36 期，第 149~153 页。

造一些清新，也给自己在生态环境中留出一分进退自由的开阔空间，也是一种和谐相处的境界。让不同层次的绿色，丰富我们的城市，美化我们的家园。杂草在园林绿化中可以起到以下作用：杂草可以独立成园 杂草可以根据自己独特的形状、质地、颜色、高矮等性质方面，与周围的外部环境合理组合搭配，形成一片以杂草为主的独立的花园、堤岸、美化隔离带，给人一种乡间气息。或者通过另类巧妙地搭配也会给人一种精致园林的感觉。在园林绿化中将杂草与草本植物或者灌木组合搭配草本植物和灌木是园林景观中不可或缺的重要景观植物。在进行园林绿化设计时，可以将杂草与草本植物和灌木有效的搭配在一起，可以产生奇妙新颖的观赏效果。在草本植物种植中，可以搭配杂草种植，起到环境草本植物色彩单一的缺点，同时丰富景观物种的多样性，强调自然地美感。而在灌木中，可以搭配常年生长的杂草植物，营造浓浓的夏意或者秋意，创造出一片人工的自然原野。在园林绿化中加强乔、灌、草搭配的多方位搭配由于杂草的生命力旺盛，同时每种杂草的生长期，存活期都不同，所以杂草在每个季度机会都有枝叶花出现。乔灌木的枝叶繁茂，但是单调，同时每年到秋冬季节就会出现只有枝，没有叶，或者是只有叶，没有花的单调形式。将杂草与乔、灌等植物有效的搭配在一起，就可以填补秋冬季节园林。[1]

4. 杂草防治病虫害作用。杂草对农作物的生长有着直接的抑制作用，可导致农作物减产。但杂草并非都有利于病虫害发生，许多杂草也有抑制病虫害的作用。研究发现，在有些杂草丰富的农田中，害虫暴发的可能性远低于杂草少的农田。其原因是农田杂草不仅能为虫害的天敌提供补充营养，而且具有诱集、化学驱避以及屏蔽的功效，从而提高了害虫天敌的存活率和繁殖率，使田间害虫天敌的种群密度得到提高，为控制虫害奠定了基础。

---

〔1〕 王少英："浅析园林绿化中杂草的应用"，载《中国科技纵横》2011 年第 23 期，第 159 页。

（二）杂草的药用价值

在传统中医药方中，草是其中重要的组成部分。例如既能作为食品食用又能作为药品的保健食品之一的马齿苋，具有清热去火、解毒消肿、止渴、消炎、利尿等功效。常见的蒲公英具有利尿的作用，富含胡萝卜素、维生素、矿物质等，能改善消化不良、便秘等症状，叶子具有治疗湿疹、缓解皮肤炎、关节疼痛的净血作用，根能起到消炎的功效，还能治疗胆结石、风湿等疾病。车前草具有利尿、明目、咳嗽祛痰的功效，而且还能治疗尿路感染。可见，有些杂草的药用价值较高。[1]

综上所述，对于田间地头的秸秆和杂草，我们不能一概地视为有害或无用的东西予以清除，或者一烧了之。合理地利用它们才能达到一举多得的功效。相反，如果把草看作有害物进行焚烧则可能带来严重后果。2014年10月12日的上午8点多，吉林省梨树县公安局沈洋镇派出所是接到了群众的举报称，沈洋镇长丰村玉米地内是发生秸秆大面积燃烧，滚滚的浓烟借助风力飘出几公里，严重污染了周边的空气。接到报警之后，民警迅速赶往现场，组织附近村民全力救火。由于燃烧点在空旷的田野里，火势非常难扑灭。经过民警和附近村民的共同努力，火势在一个小时之后得到控制。事后，经过民警的调查了解，此次失火的主要原因是沈洋镇长丰村八组村民刘某不顾当地政府的再三劝告，在自家地里点燃玉米秸秆，并且没有尽到监护义务，造成大面积火灾，致使附近农户大约五垧地左右的玉米秆被烧毁，损失极大。

---

[1]　王树昌、吕勇、于晓玲："杂草的价值及防控技术研究进展"，载《安徽农业科学》2017年第36期，第149~153页。

第十七条 ［管理责任］

县级以上人民政府有关行政主管部门、乡镇人民政府和街道办事处对野外用火管理不落实主体责任，执法不严的，由上级行政主管机关责令改正；造成严重后果的，对主管领导和直接责任人员依法给予处分；构成犯罪的，依法追究刑事责任。

［导读与释义］

本条是《管理条例》关于县级以上人民政府有关行政主管部门、乡镇人民政府和街道办事处管理责任的规定。

根据《森林防火条例》第 47 条，参照《广东省森林防火条例》第 42 条规定制定本条例。

《森林防火条例》第 47 条规定："违反本条例规定，县级以上地方人民政府及其森林防火指挥机构、县级以上人民政府林业主管部门或者其他有关部门及其工作人员，有下列行为之一的，由其上级行政机关或者监察机关责令改正；情节严重的，对直接负责的主管人员和其他直接责任人员依法给予处分；构成犯罪的，依法追究刑事责任：（一）未按照有关规定编制森林火灾应急预案的；（二）发现森林火灾隐患未及时下达森林火灾隐患整改通知书的；（三）对不符合森林防火要求的野外用火或者实弹演习、爆破等活动予以批准的；（四）瞒报、谎报或者故意拖延报告森林火灾的；（五）未及时采取森林火灾扑救措施的；（六）不依法履行职责的其他行为。"

《广东省森林防火条例》第 42 条规定："各级人民政府及其森林防火指挥机构、林业主管部门和其他有关部门及其工作人员有下列行为之一的，责令改正；情节严重的，对直接负责的主管人员和其他直接责任人员依法给予处分；构成犯罪的，依法追究刑事责任：（一）未依法落实森林防火责任制的；（二）未依法编制森林防火规划的；（三）未按照有关规定制定森林火灾应急预案或者应急处置办法的；（四）未按照规定建设森林防火设施的；（五）未按照规定落实值班、带班制度的；（六）发生森林火灾，未及时采取扑救措施或者有关负责人未到森林火灾现场组织处置的；（七）瞒报、谎报或者故意拖延报告森林火灾的；（八）编造、传播有关森林火灾发展或者应急处置工作的虚假信息的；（九）其他不依法履行职责的行为。"

森林防火第一责任人和主要责任人未履行森林防火责任书规定职责的，按照有关规定追究领导责任。

《韶关市森林火灾事故责任追究办法》第 8 条规定："县级人民政府森林防火职责。（一）开展森林防火宣传教育工作。组织宣传、林业、教育、民政、旅游、公路等部门经常性广泛开展森林防火宣传教育活动，做到森林防火法律法规和相关知识进机关、进厂矿、进学校、进社区，营造全民森林防火的良好氛围。在林区的道路沿线、旅游景区以及森林防火重点区域，规范设置森林防火警示牌（碑）。（二）发布森林火险预警信息。组织气象、林业部门和宣传媒体及时播发或者刊登森林火险天气预报以及森林防火公益广告；根据森林火险等级，及时发布森林火险预警信息，落实预警响应应对措施。（三）加强护林员队伍建设。按照每5000 亩林地配备 1 名护林员的要求，建立健全护林员队伍管理和保障机制，严格绩效考核与问责，确保巡山护林工作到位。（四）根据有关法律法规和规章，制定野外火源管理细则，落实管理措施，确保工作到位。1. 及时排查森林火灾隐患。进入森林特别防火期，应组织有关单位清理铁路、高速公路、国道和省道以及其他主要道路两旁的可燃物；全面检查林缘地带和林区内的厂矿、油（气）站、易燃易爆物品仓库和电力、电信线路、石油天然气管道，以及森林旅游区，对存在的森林火灾隐患，必须限期整改，及时消除。2. 严格审批生产、经营和各种建设、施工所需的野外用火以及在森林特别防火期进入林区的其他活动，加强对其管理、监督和检查，依法处罚违规野外用火。3. 在森林特别防火期内，如遇持续高火险天气，必须发布命令，严禁一切野外用火。在森林防火区，严禁燃放烟花爆竹、烧纸钱香烛、点放孔明灯等。（五）按照《广东省森林消防队伍建设和管理规范》的规定，建立和装备专业森林火灾扑救队伍，加强技术培训、体能训练以及扑火演练。组织、指导镇级政府以及有关企事业单位建立专业或半专业森林火灾扑救队伍，定期开展培训和演练。（六）按照《森林消防物资储备库建设和物资储备管理规范》，建设 80 平方米以上的森林防火物资储备库，储备 300 人以上的灭火装备和扑火工具，并依据国家规定的储备年限及时更新。（七）组织编制、批准实施县级森林火灾应急预案，组织指导镇级政府根据森林火灾应急预案森林火灾应急办法，开展必要预案演练，建设和完善森林防火指挥信息系统。（八）接到火情报告，立即调查核实，按照有关规定报市级人民政府及市森林防火指挥部办公室。根据扑火救灾工作需要，迅速调度县专业扑火队伍赶赴火场，并视情况调度辖区内的扑火队伍增援。（九）组织指导当地政府和有关部门及时做好受火灾威胁群众的疏散、撤离等工作，做好扑火人员的安全防护和后勤保障工作，避免人员伤亡。（十）组织公安机关和有关部门及时开展火灾调查以及火案侦查工作。（十一）森林火灾扑救后，指导、督促当地镇级政府对火场进行全面检查，清理余火、看守火场，并组织检查验收。组织开展受灾和损失情况的调查与评估，对肇事者和相关责任人依法追究责任。妥善处理有关事故的善后工作。"

《韶关市森林火灾事故责任追究办法》第 9 条规定："国有林场、森林公园、风景名胜区、自然保护区管理机构森林防火职责。（一）组织森林（林木、林地）的经营单位开展经常性的森林防火宣传教育活动，在进林区公路设置森林防火警示标牌；进村到户普及森林防火法律法规和相关知识，提高民众森林防火意识。（二）建立健全护林员队伍管理制度，划定巡山护林责任区，落实巡护责任人，明确职责与任务。（三）严格管理野外用火，贯彻执行上级有关野外火源管理的规定，制定并落实本辖区的野外火源管理工作措施，及时排查森林火灾隐患并落实整改。（四）在森林防火期内，对经批准的生产、经营性用火加强管理，督促落实防火措施；对未经批准的野外用火及时依法处理，消除隐患。（五）按照《广东省森林消防队伍建设和管理规范》的规定，建立和装备半专业森林火灾扑救队伍，定期进行技能培训和扑火演练。（六）做好本级森林防火物资储备工作，及时更换、维修。（七）负责森林火灾应急处置过程中的后勤保障工作和扑火队伍相关补助。"

《韶关市森林火灾事故责任追究办法》第10条规定："对森林防火工作责任不落实、措施不到位、处置不及时，导致森林火灾频发，并造成重大损失或性质严重、影响恶劣的，按照干部管理权限向问责决定机关即：当地纪检监察机关或组织人事等任免机关提出问责建议及时启动问责程序；对敷衍塞责、玩忽职守、失职渎职的有关责任人，纪检监察机关除问责外还要按照党纪政纪条规严肃处理；对涉嫌犯罪的，移交司法机关处理。"

本条是关于县级以上人民政府有关行政主管部门、乡镇人民政府和街道办事处等主管机关以及直接责任人员在野外用火管理活动失职的法律责任。本条原为两款，后精简成一款。虽然只有一款，但内容上包含三层意思。即：对于在野外用火管理工作方面渎职的，根据其情节轻重分别予以三种层面上的处理。首先，县级以上人民政府有关行政主管部门、乡镇人民政府和街道办事处对野外用火管理不落实主体责任，执法不严的，情节较轻的，由上级行政主管机关责令改正。其次，县级以上人民政府有关行政主管部门、乡镇人民政府和街道办事处对野外用火管理不落实主体责任，执法不严的，进而造成严重后果的，对主管领导和直接责任人员依法给予处分；最后，县级以上人民政府有关行政主管部门、乡镇人民政府和街道办事处对野外用火管理不落实主体责任，执法不严的，由上级行政主管机关责令改正；造成严重后果且构成犯罪的，依法追究其刑事责任。此处，县级以上人民政府有关行政主管部门主要是指林业行政主管部门、农业农村行政主管部门以及城市综合执法部门。这三个部门在森林防火区、农业生产区和城镇居民区分别承担野外用火监管职责。而乡镇人民政府和街道办事处则是主管责任主体。

若要真正地防范火灾，将火灾消灭在萌芽状态，那就应当建立巡护责任制，把防火责任落到山头地块，以问题导向堵塞工作漏洞。据了解，韶关市各地已经建立起县、镇、村三级防火责任，建立了县领导包镇、镇干部包村、村干部包山头路口责任机制，并将责任细化落实到每个岗位、每个人员，确保每一个区域、每一个山头都有专人巡查、专人负责、专人监管，实现网络化管理。公安、民政、应急管理、教育、林业等部门结合各自防治职责，切实履行行业管理责任，并积极动员干部职工参与值守巡护工作，全力配合，形成工作合力。同时，充分发挥镇村基层党组织和基层林业站的作用，在重点森林景区、重要林区、交通要道以及公墓、散坟聚集地设置防火临时检查站并配备专职检查人员值班把守，对进山的车辆和人员进行安全检查、警示教育、收缴火种，把火源隐患堵截在山下林外。清明节等重点防护期间，市委督察室联合市林业局、市应急管理局分5个工作组对全市10个县（市、区）进行督查，以发现问题、堵塞漏洞为导向，采取明察和暗访相结合、随机现场抽查的方式，重点督查森林防火宣传、主要进山路口森林防火检查点设置、护林员巡山护林在岗、镇村干部值守等工作落实情况及违法用火和森林火灾案件查处等情况。督查组每天将督查发现的问题在政府工作群上进行通报并向有关县（市、区）进行反馈，有针对性地提出整改意见、建议，确保问题得到及时的整改落实，彻底消除隐患，力争把森林火灾发生率降低到零。

第十八条 ［森林防火区内违法用火法律责任］

违反本条例第九条规定，在森林防火区内野外用火未引起森林火灾的，由县级以上人民政府林业行政主管部门责令停止违法行为，给予警告，对个人并处五百元以上二千元以下罚款，对单位并处一万元以上三万元以下罚款；引起森林火灾的，对个人并处两千元以上三千元以下罚款，对单位并处三万元以上五万元以下罚款；造成损失的，依法承担民事赔偿责任；构成犯罪的，依法追究刑事责任。

［导读与释义］

本条是《管理条例》关于森林防火区内违法用火法律责任的规定。是对违反《管理条例》第9条的行为的惩罚。是根据《广东省森林防火条例》第24条和第43条规定制定的。

《广东省森林防火条例》第24条规定："在森林防火区野外禁止下列行为：（一）上坟烧纸、烧香点烛等；（二）燃放烟花爆竹、孔明灯等；（三）携带易燃易爆物品；（四）吸烟、野炊、烧烤、烤火取暖；（五）烧黄蜂、熏蛇鼠、烧山狩猎；（六）炼山、烧杂、烧灰积肥、烧荒烧炭或者烧田基草、甘蔗叶、稻草、果园草等；（七）其他容易引起森林火灾的用火行为。"第43条规定："违反本条例第二十四条、第二十五条规定，未引起森林火灾的，由县级以上人民政府林业主管部门责令停止违法行为，给予警告，对个人并处两百元以上两千元以下罚款，对单位并处一万元以上三万元以下罚款；引起森林火灾的，对个人并处两千元以上三千元以下罚款，对单位并处三万元以上五万元以下罚款；造成损失的，依法承担民事赔偿责任；涉嫌犯罪的，移送司法机关依法处理。"

　　本条是关于森林防火区违反野外用火管理规定的处罚措施，参照《广东省森林防火条例》第24条和第43条的规定，加大了对违法野外用火行为的处罚力度。本条对在森林防火区内违法实施野外用火行为根据其情节轻重和性质恶劣程度分别予以追究相应的法律责任。第一，违反《管理条例》第9条规定，在森林防火区内野外用火未引起森林火灾的，由县级以上人民政府林业行政主管部门责令停止违法行为，给予警告，对个人并处500元以上2000元以下罚款，对单位并处1万元以上3万元以下罚款。违反第9条规定的违法野外用火行为主要是：①上坟烧纸、烧香点烛；②燃放烟花爆竹、孔明灯等；③携带易燃易爆物品；④吸烟、野炊、烧烤、烤火取暖；⑤烧野蜂、熏蛇鼠、烧山狩猎；⑥炼山、烧杂、烧灰积肥、烧荒烧炭或者烧秸秆、田基草、果园草等；⑦其他容易引起森林火灾的用火行为。违法野外用火的地点是在森立防火区内。违法行为是在森林防火区内用火。违法行为的结果是没有引起森林火灾。对违法行为查处的主体是县级以上人民政府林业行政主管部门。处罚措施为三种：责令停止违法行为、警告以及罚款。县级以上人民政府林业行政主管部门可以根据违法行为的情节和性质来决定处罚种类。被处罚对象分为两类，一为公民，二为单位。违法者为公民的，处以500元以上2000元以下罚款；违法者为单位的，则处以1万元以上3万元以下罚款。违反《管理条例》第9条规定，在森林防火区内野外用火引起森林火灾的，由县级以上人民政府林业行政主管部门对个人并处2000元以上3000元以下罚款，对单位并处3万元以上5万元以下罚款；如果因违法用火造成经济损失的，违法者还应依法承担民事赔偿责任。违反《管理条例》第9条规定，在森林防火区内野外用火引起森林火灾的，情节严重，造成人员伤亡或财产重大损失，构成犯罪的，依法应当追究刑事责任。

　　森林违法行为涉及民事责任、行政责任、刑事责任、生态环境损害责任等多重法律责任，既要理顺相关法律责任的逻辑顺序，又要进一步加大对森林违法行为的惩处力度。[1]柏拉图认为惩罚有两方面的行为：
"矫正的一面，即强迫做错事的人修正他的行为；威慑的一面，即警示他
人不要仿效行恶之人。"[2]处罚违反《管理条例》的单位或个人，既可
以强迫违法之人遵守法律不再违反《管理条例》，又可以威慑他人，起到
警示公众遵守野外用火管理的规定，最终达到本条例维护公众安全以及
保护生态环境的立法主旨。

　　根据我国立法法，国家尚未制定法律或者行政法规的，地方可根据
具体情况和实际需要先行制定法规，且要遵循法制统一原则，即地方性
立法须遵循相关法律、行政法规的规定。我国《立法法》第 72 条第 2 款
和第 82 条第 3 款的规定，设区的市地方立法的事项应限于城乡建设与管
理、环境保护、历史文化保护等三个方面。设区的市地方立法设定行政
处罚除了应当遵循我国《行政处罚法》关于其种类设定权及规定权的有
关规定以外，还必须符合我国《立法法》对其规范事项的权限规定。如
设区的市地方立法针对城乡建设与管理、环境保护、历史文化保护等方
面事项以外的行为设定行政处罚，则构成越权立法。[3]

　　我国《行政处罚法》是直接以"名称列举"的方式来明确行政处罚
的种类的，且这些"处罚种类不是作为示范而是对行政处罚种类设定的限
制"。[4]在此前提下，地方性法规有权设定的主要是警告、罚款、没收违
法所得、没收非法财物、责令停产停业等种类的行政处罚，地方政府规
章只能设定警告和一定数量的罚款等行政处罚。因此，本条规定违反
《管理条例》第 9 条规定，在森林防火区内野外用火未引起森林火灾的，

　　〔1〕　于浩："森林法修订草案首审，'一补一惩'受关注"，载《中国人大》2019 年第 14
期，第 33 页。

　　〔2〕　[爱尔兰] 约翰·莫里斯·凯利：《西方法律思想简史》，王笑红译，法律出版社 2002
年版，第 31 页。

　　〔3〕　黄喆："地方立法设定行政处罚的权限困境与出路"，载《政治与法律》2019 年第 7
期，第 82 页。

　　〔4〕　杨解君、蒋都都："《行政处罚法》面临的挑战与新发展——特别行政领域行政处罚应
用的分析"，载《行政法学研究》2017 年第 3 期。

由县级以上人民政府林业行政主管部门责令停止违法行为，给予警告，对个人并处 500 元以上 2000 元以下罚款，对单位并处 1 万元以上 3 万元以下罚款；引起森林火灾的，对个人并处 2000 元以上 3000 元以下罚款，对单位并处 3 万元以上 5 万元以下罚款；造成损失的，依法承担民事赔偿责任；构成犯罪的，依法追究刑事责任。需要注意的是，行政机关在行使裁量权时应当全面权衡公民个人和公共利益，尽量采取对行政相对人和行政相关人权益最小的方式，从而符合合理行政原则。

值得一提的是：《管理条例》在草案研讨阶段，对违法野外用火行为由谁来监管处罚的问题曾引起了很大争议。经过研究讨论，最后三个不同区域的野外用火行为的监管分别由林业行政主管部门、农业农村行政主管部门和城市综合执法部门负责。

第十九条　[农业生产生活区内违法用火法律责任]

违反本条例第十条规定，由县级以上人民政府生态环境保护行政主管部门责令改正，并可以处五百元以上二千元以下的罚款。

[导读与释义]

本条是《管理条例》关于农业生产生活区内违法用火法律责任的规定。

根据《大气污染防治法》第 77 条和第 119 条第 1 款规定制定本条例。

《大气污染防治法》第 77 条规定："省、自治区、直辖市人民政府应当划定区域，禁止露天焚烧秸秆、落叶等产生烟尘污染的物质。"

《大气污染防治法》第 119 条第 1 款规定："违反本法规定，在人口集中地区对树木、花草喷洒剧毒、高毒农药，或者露天焚烧秸秆、落叶等产生烟尘污染的物质的，由县级以上地方人民政府确定的监督管理部门责令改正，并可以处五百元以上二千元以下的罚款。"

本条是关于农业生产生活区违法野外用火的处罚措施。野外用火行为虽未引起森林火灾但造成了大气污染的，由县级以上人民政府生态环境保护行政主管部门负责监管。

在《管理条例》一审稿出来前，第 19 条是这样规定的："对焚烧农作物秸秆、生活垃圾和其它野外用火引发森林火灾的，根据《森林防火条例》第五十三条规定，构成犯罪的，依法追究刑事责任；尚不构成犯罪的，除依照《森林防火条例》的规定追究法律责任外，县人民政府林业主管部门责令责任人补种树木；违反治安管理规定的，交由公安机关依法予以查处。"

有立法咨询专家在立法咨询论证会上提出修改建议：对焚烧农作物秸秆、生活垃圾和其他野外用火引发森林火灾的，根据《森林防火条例》第53条规定，构成犯罪的，依法追究刑事责任；尚不构成犯罪的，除依照《森林防火条例》的规定追究法律责任外，县人民政府林业主管部门责令责任人补种树木；依照《广东省森林防火条例》的规定，违反《中华人民共和国治安管理处罚法》的，交由公安机关依法予以查处。

审议专家认为：《森林防火条例》第48条、第49条、第50条、第51条、第52条所规定的法意是关于县人民政府林业主管部门责令责任人补种树木和进行罚金的处罚，并没有规定违反治安管理规定的，交由公安机关依法予以查处。而对于违反治安管理规定，交由公安机关依法予以查处的规定，应见于《广东省森林防火条例》第44条"违反本条例第二十八条规定，拒不执行县级以上人民政府发布的森林防火命令的，由公安机关依照《中华人民共和国治安管理处罚法》的规定给予处罚"的规定。

为更加明确立法的依据，更加规范的进行条例的立法起草，立法起草小组吸纳了这位专家的建议意见，并与各位立法咨询专家反复讨论斟酌，最终《管理条例》第19条形成如下规定："违反本条例第10条规定，由县级以上人民政府生态环境保护行政主管部门责令改正，并可以处五百元以上二千元以下的罚款。"

下面就韶关市生态环境保护行政主管部门职能作简要介绍：

韶关市环境保护局是韶关市人民政府主管环境保护的工作部门，成立于1983年，位于韶关市武江区新华北路36号，内设办公室、人事科、环境综合管理科（核与辐射管理科）、综合审批科、污染物排放总量控制科、宣传教育科、法规与科技科、环境监察分局、环境应急管理办公室（环境应急指挥中心）9个职能科（室）以及韶关市环境保护局浈江分局、韶关市环境保护局武江分局2个派出机构。主要职责如下：

（1）贯彻执行国家和省环境保护的方针政策、法律法规，起草有关环境保护的规范性文件，组织编制环境功能区划，拟订全市环境保护规划，组织拟订并监督实施重点区域、流域污染防治规划和饮用水水源地环境保护规划。

（2）负责重大环境问题的统筹协调和监督管理。牵头协调重大环境污染事故、生态破坏事件的调查处理和重点区域、流域环境污染防治工作，指导协调全市重大突发环境事件的应急、预警工作。

（3）承担落实全市污染减排目标的责任。组织制定主要污染物排放总量控制制度并监督实施，提出实施总量控制的指标，督查、督办、核查各地污染物减排任务的完成情况，牵头实施环境保护目标责任制、总量减排考核并公布考核结果。

（4）会同有关部门管理市级环境保护资金。

（5）承担从源头上预防、控制环境污染和环境破坏的责任。受市人民政府委托对重大经济和技术政策、发展规划以及重大经济开发计划组织环境影响评价，对涉及环境保护的规章制度提出有关环境影响方面的建议，按权限审批开发建设区域、项目环境影响评价文件，负责建设项目竣工环境保护验收。

（6）负责环境污染防治的监督管理。组织实施对大气、水体、土壤、噪声、光、恶臭、固体废物、化学品以及机动车等污染的防治工作，会同有关部门监督管理饮用水水源地环境保护工作，组织指导城镇和农村的环境综合整治工作，牵头组织开展强制性清洁生产审核工作，负责环境监察和环境保护行政稽查，组织实施排污申报登记、排污许可证、污染源环境保护信用管理等各项环境管理制度。负责污水处理设施的环境监督检查工作。

（7）指导、协调、监督生态保护工作。拟订生态保护规划，组织评估生态环境质量状况，监督对生态环境有影响的自然资源开发利用活动、重要生态环境建设和生态破坏恢复工作，指导、协调各种类型的自然保护区、风景名胜区、森林公园的环境保护工作，负责全市自然保护区的综合管理，指导、协调全市农村生态环境保护和生态示范区建设。

（8）负责环境监测和发布环境状况公报、重大环境信息。组织对全市环境质量监测和污染源监督性监测，组织对环境质量状况进行调查评估、预测预警，组织建设和管理全市环境监测网和环境信息网。

（9）组织、指导和协调环境保护宣传教育工作。制定并组织实施环境保护宣传教育纲要，开展生态文明建设和环境友好型社会建设的有关宣传教育工作，推动社会公众和社会组织参与环境保护。

（10）负责民用核与辐射环境安全的监督管理。协助国家和省监督管理核设施安全，参与民用核事故应急处理，负责辐射环境事故应急处理，监督管理民用核设施、核技术应用、电磁辐射、伴有放射性矿产资源开发利用中的污染防治，参与反生化、反核和辐射恐怖袭击工作。

（11）承办市人民政府和省环境保护厅交办的其他事项。

第二十条　[城镇居住区内违法用火法律责任]

违反本条例第十一条第一款第一项、第三项规定，由县级以上人民政府市容环境卫生行政主管部门责令改正，并可以处五百元以上二千元以下的罚款。

违反本条例第十一条第一款第二项规定，由县级以上人民政府市容环境卫生行政主管部门责令改正，对单位处一万元以上十万元以下的罚款，对个人处五百元以上二千元以下的罚款。

[导读与释义]

本条是《管理条例》关于城镇居住区内违法用火法律责任的规定。

根据《大气污染防治法》第119条第1、2款和《中华人民共和国治安管理处罚法》第2条规定制定本条例。

《大气污染防治法》第119条第1款规定："违反本法规定，在人口集中地区对树木、花草喷洒剧毒、高毒农药，或者露天焚烧秸秆、落叶等产生烟尘污染的物质的，由县级以上地方人民政府确定的监督管理部门责令改正，并可以处五百元以上二千元以下的罚款。"

《大气污染防治法》第119条第2款规定："违反本法规定，在人口集中地区和其他依法需要特殊保护的区域内，焚烧沥青、油毡、橡胶、塑料、皮革、垃圾以及其他产生有毒有害烟尘和恶臭气体的物质的，由县级人民政府确定的监督管理部门责令改正，对单位处一万元以上十万元以下的罚款，对个人处五百元以上二千元以下的罚款。"

《治安管理处罚法》第2条规定："扰乱公共秩序，妨害公共安全，侵犯人身权利、财产权利，妨害社会管理，具有社会危害性，依照《中华人民共和国刑法》的规定构成犯罪的，依法追究刑事责任；尚不够刑事处罚的，由公安机关依照本法给予治安管理处罚。"

本条是关于城镇居住区违法野外用火行为的处罚措施。野外用火行为虽未引起森林火灾但造成了大气污染的，由县级以上人民政府市容环境卫生行政主管部门负责监管。而在城镇居住区违法野外用火引起民居住宅、公共场所、仓库、加油站等其他火灾的，适用《消防法》的相关规定处罚。

本条共分2款，分别对造成大气污染和火灾的违法用火行为进行了法律责任上的规定。第1款包含以下内容：第一，细分并确定了违法用火行为的种类。在城镇居民区，违法用火的行为有：（1）焚烧枯树残枝、焚烧落叶、焚烧杂草、焚烧纸屑等。此类焚烧行为一般地对环境产生的危害主要是烟雾，影响空气质量。虽然，这种焚烧行为对环境的毒性不大，但会影响人民生活，也有可能产生城镇火灾，故应当禁止。（2）焚烧沥青、油毡、橡胶、轮胎、塑料、皮革、垃圾等以及其他产生有毒有害烟尘和恶臭气体的物质的；此类焚烧行为对环境破坏大，毒性强，人民群众深恶痛绝，反响意见大。其行为的恶劣程度要高于前一类焚烧行为。故，《管理条例》作出了更严厉的处罚规定。（3）焚烧民俗祭祀物品。在城镇居民区焚烧香火、纸钱、蜡烛等其他民俗祭祀物品等行为具有特定的季节性和地域性。一般地，韶关市市民在农历的7月15日前后要在河道边、山边甚至居民楼附近，焚烧纸钱祭祀祖先。（4）其他焚烧行为。为了防止法外遗奸，特设立兜底条款，将未列举的违法用火行为纳入法律打击的范围。第二，明确了执法监管主体。违反《管理条例》第11条第1款第1项、第2项、第3项规定，由县级以上人民政府市容环境卫生行政主管部门。即：焚烧枯树残枝、焚烧落叶、焚烧杂草、焚烧纸屑等和焚烧民俗祭祀物品的违法用火行为由市容环境卫生行政主管部门监管。监管责任主体明确有助于责任落实，有助于追责。解决了长期以来，在城镇随意焚烧而危害环境的行为不知道由谁来管理的问题。第三，第1

款所规定的法律责任主要是针对公民的个人行为。第四，法律责任根据违法用火行为的性质和严重程度划分为两类：（1）责令改正；（2）处500元以上2000元以下的罚款。如果是情节轻微的，可以口头责令改正；如果行为性质严重，首先责令改正，同时，可以并处500元以上2000元以下的罚款。这里，罚款的数额留给执法单位自由裁量。市容环境卫生行政主管部门的执法人员可以在500元到2000元之间做出处罚决定。

第2款包含的内容是：第一，确定了野外违法用火行为。即：焚烧沥青、油毡、橡胶、轮胎、塑料、皮革、垃圾等以及其他产生有毒有害烟尘和恶臭气体的物质的将受到相应的处罚；第二，违反《管理条例》第11条第1款第2项规定，执法处罚的主体是由县级以上人民政府市容环境卫生行政主管部门。第三，处罚的种类：责令改正，对单位处1万元以上10万元以下的罚款，对个人处500元以上2000元以下的罚款。第四，第2款增加了单位违法主体。某些单位基于牟利的目的，焚烧沥青、油毡、橡胶、轮胎、塑料、皮革、垃圾等物，产生重大环境污染事件，理应承担法律责任。按照《管理条例》规定：对单位处于1万元以上10万元以下的罚款。显然，对单位的处罚要远重于个人。

在《管理条例》正式出台之前，在韶关市城镇街头焚烧行为随处可见。对于此类行为也无人管理。主要的原因是：首先，没有一个法律明确规定的执法主体。谁都不管，各部门都熟视无睹；其次，各部门、各单位和社会公众都不够重视，法制意识淡薄；最后，有关的法律法规不明确，指引性不强；《大气污染防治法》《环境保护法》都没有得到足够重视。现在《管理条例》实施后，把城镇居民区的焚烧行为的执法主体赋予市容环境卫生行政主管部门，这样，执法主体得以明确。同时，处罚措施也明确了。今后，在这一领域的执法状况应当会有较大改观。关于，由谁执法的问题，在《管理条例》起草过程中，曾经产生了较大争议。有人主张由生态环境行政主管部门来执法；有人主张把执法权交给市容环境卫生行政主管部门；还有人主张组成联合执法队伍来行使执法权。生态环境行政主管部门提出自己只负责环境质量监测，而没有处罚权。市容环境卫生行政主管部门认为自己没有专业技术力量来衡量判断有关环境污染问题，执法没有技术依据。至于，联合执法不大现实，涉及多个单位，协调难，统一行动难。最后，经过反复研讨，《管理条例》最终规定由市容环境卫生行政主管部门承担具体的处罚执法责任，而生态环境主管部门负责监测和监督。这种规定是合理合适的。

法律责任必须强化，并且要落实。造成我国大气等环境污染的原因是多方面的。其中执法不严、司法保障乏力、法律责任落实不力是一个不可忽视的因素。

《全国人民代表大会常务委员会执法检查组关于检查〈中华人民共和国大气污染防治法〉实施情况的报告》指出：我国地方执法监管不到位。一是部门联动协作不够。大气污染防治监管中存在职能分散、职能交叉、职责不清等问题，部门协调联动、考核问责等工作机制尚未健全。比如，在机动车污染防治中，有的地方公安、环保、交通等部门配合不力，排放不达标车辆长期行驶无人监管。一些地方反映，公安交管部门道路执法没有充分运用机动车尾气遥感监测结果。在北方地区冬季清洁取暖工作中，民用散煤污染控制、清洁能源供应等方面部门协同推进不足。二是部门监管工作滞后。《大气污染防治法》第113条规定，对驾驶排放检验不合格的机动车上路行驶的，由公安交通管理部门依法予以处罚。但直到2017年5月1日，公安部交管局才增设超标排放处罚全国统一代码，各地实施进展不一，存在超标车辆异地处罚难的问题。一些地方反映，对超标排放机动车的处罚措施仅限于行政罚款，起不到威慑作用。三是行政执法不统一。按日计罚、查封扣押、限产停产、行政拘留等法律强制措施的执法规范和解释不足，造成基层执法人员执法依据不充分；行政强制措施地区之间、企业之间执行不统一，有的企业反映不公平。四是基层执法监管能力不足。生态环境执法监管能力建设水平层层递减，基层生态环境执法人员少、装备差、专业素质低，与日益繁重的执法监管任务不相适应的问题突出。[1]

司法保障作用发挥不充分。公安机关、检察机关和审判机关在犯罪主体认定、证据采信标准等方面理解不一致。不同地区对刑事处罚标准掌握不统一。大气污染违法行为调查取证难，鉴定机构少、费用高、周期长，环境司法技术支撑能力不强，影响司法办案工作效率。[2]

---

[1]　栗战书：《全国人民代表大会常务委员会执法检查组关于检查〈中华人民共和国大气污染防治法〉实施情况的报告》——2018年7月9日在第十三届全国人民代表大会常务委员会第四次会议。

[2]　栗战书：《全国人民代表大会常务委员会执法检查组关于检查〈中华人民共和国大气污染防治法〉实施情况的报告》——2018年7月9日在第十三届全国人民代表大会常务委员会第四次会议。

第二十一条 ［秸秆定义］

本条例所称秸秆，是指水稻、玉米、油菜、花生、甘蔗以及其他具有地上茎秆的植物茎叶。

［导读与释义］

本条是《管理条例》关于秸秆定义的规定。

秸秆是农作物茎秆的统称，秸秆一词在南方和北方有不同的理解。在北方主要是指高粱、小麦、玉米、棉花等植物茎叶；而在南方则主要是指：稻草、甘蔗茎叶、茭蒿等。为了法律的明确性，对秸秆进行界定和解释是必要的。

《管理条例》的起草过程中，关于秸秆的定义，曾经几上几下。有人主张要单列一条用语解释特定含义；有人反对，认为没有必要。关于立法中特殊概念的定义问题，下面具体解读：

水稻，水稻是稻属谷类作物，大约 7000 年前中国长江中下游流域的先民们就曾种植水稻。稻秆可以作为牲畜饲料。水稻在我国南方种植广泛。一年生禾本。秆直立，高 0.5 米至 1.5 米，稻草是南方最常见的秸秆，也是焚烧最多的植物茎叶。

玉米，是禾本科的一年生草本植物 。又名苞谷、苞米棒子、玉蜀黍、珍珠米等 玉米在中国粮食作物中总产量仅次于水稻和小麦。玉米，属于一年生高大草本。秆直立向上，一般不分枝，秆高约 1 米至 4 米，基部各节具气生支柱根。

油菜，又名芸苔，是一种十字花科芸苔属植物，属于一年生或二年生草本，秆高约 30 厘米至 90 厘米；花鲜黄色。油菜的茎叶一般不用来焚烧，而是直接割断后沤肥。在南方地区，油菜除了观赏就是积肥。因为农业生产季节的缘故，油菜籽收获后，茎叶就倒伏在田地，农民用耕田翻地的形式把油菜转化为有机肥料，增加土壤肥力。

第二十二条　[实施时间]

本条例自 2019 年 1 月 1 日起施行。

[导读与释义]

本条是《管理条例》关于实施时间的规定。

从立法技术上讲，《管理条例》第 22 条和 23 条均属于附则内容。作为地方性法规，附则是一部法律中作为总则和分则辅助性内容而存在的一个组成部分。虽然只是辅助性的内容，但其地位却不可忽视。因为："其一，附则作为总则和分则的辅助性内容，它的存在对总则和分则的有效实施有重要意义。其二，附则未必是所有的法都需要的一个组成部分，但一般说绝大多数法都需要有附则内容存在。"[1]在我国地方立法实践活动中，关于附则的使用因人而异因法而异。有些法规设有附则部分，有些法规没有附则部分。各不相同"但这些没有设附则的法，未必是不需要附则的法，它们中有不少事实上需要设附则部分，只是由于法案起草人、法案审查和审议者未能认识附则对这些法有重要价值而没有在法中设置，或是由于对立法技术研究不够而把本属附则部分的内容写进总则和分则中去从而未能独立设置一个附则部分"。[2]那么什么是附则呢？截至目前，国内尚无比较权威的界定。有学者直接指出附则是附在法律或法规后面的规则，或指出附则是附在法的最后的一个部分，也有的指出附则在一般设章的法中作为最后一章。这种解释只是指明了附则在一部法律法规中所处的位置，但是并没有从定义上或概念上阐释附则的本质

〔1〕　周旺生：《立法学教程》，北京大学出版社 2006 年版，第 529 页。
〔2〕　周旺生：《立法学教程》，北京大学出版社 2006 年版，第 529 页。

含义。

（一）附则的内容

法的附则作为法的总则和分则的辅助性内容。

新近几年来，我国地方性立法，特别是设区的市的立法，对于附则的使用存在不少问题。这些问题主要是：①应当设有附则却没有设附则，不用当设附则又设有附则；②附则规定的概念术语内容不明确，不科学；确定性。③主观上认为附则不重要，不少法的附则的内容过简，把应当包括在附则中的内容写进总则或分则中去了。④法的附则只有非规范性内容，没有规范性内容。

解决上述立法中的弊端：①要立法者或者立法起草者从根本上了解认识附则的重要性以及对一部法律法规的意义。不能认为可有可无，无关紧要；②需要深化我国的立法技术理论。我国的立法技术理论尚比较欠缺。丰富立法技术理论，从立法技术上界定附则的内容和要求，明确附则的作用。要把附则在一部法律法规搭载何种内容作出清晰的规定。③规范附则的具体适用范围。解决其使用的随意性。

（二）附则的形式

1. 附则的形式有明示与非明示两种。明示附则存在于设章的法的结构中，大多设有章的层次的法的结构中都有明示附则。明示附则在形式上的最显著的特征是在附则内容前标有"附则"二字。明示附则的优点在于：便于人们看清整个法的结构，便于人们迅速在查有关属于附则范围的内容。这些优点，对执法、司法、守法和立法研究都有积极意义。非明示附则，即无标题附则。这种附则一般存在于简单的法的结构或不设章的法的结构中。在有的设章的法的结构中，虽然有附则的内容，却没有附则的标题。后一种情况，从立法技术角度看，是不科学的、应当转变的。要完善法的附则的形式，需要注意：凡内容较多需要设章的法的结构中，除特殊原因外（如制定宪法），都要采取明示附则形式，设专章写附则内容。

2. 内容较少、不设章、法的结构简单的法中，一般也要有附则内容，但附则可以采取非明示形式。

3. 无论明示还是非明示附则，其内容不仅要有科学的规定性或确定性，而且在形式上要有正确的排列顺序。这种顺序一般应当是：①关于名词、术语的定义；②关于解释权的授权规定；③关于制定实施细则的授权规定；④关于制定变通或补充规定的授权规定；⑤关于宣告有关法或法的模定失效或废止的规定；⑥关于施行问题的规定。

附则的写法同总则和分则的写法的共通之处，在于要让意体系和内容具有必要的完整性，形式和表述具有科学性。

一般附在法规的最后，是规定非规范性内容的技术部分，可以包括有关名词术语的解释、有关解释权的规定、法规生效的日期、关于施行问题的规定等。此外，需要通过立法来作出授权性规定或者废止有关法规及其他规范性文件的，一般也在附则之中，但必须用专门条款作出表述附则作为总则和分则的辅助性内容，对总则和分则的实施有着重要的意义。附则并不是每个法规都具备的部分，但是大多数法规都需要有附则内容的存在。附则不仅应当保证内容的规定性或确定性，而且形式上要有正确的排列顺序，一般应当按照上述内容的顺序排列。[1]附则不同于附件，因为附则是该法规的一个整体组成部分，而附件则是相对独立于该法规的、具有自身法律地位的相关文件。[2]

---

〔1〕 阮荣祥主编：《地方立法的理论与实践》，社会科学文献出版社 2008 年版，第 272 页。
〔2〕 阮荣祥主编：《地方立法的理论与实践》，社会科学文献出版社 2008 年版，第 273 页。

参考书目

一、著作类

1. 石佑启、朱最新主编:《广东地方立法蓝皮书——广东省地方立法年度观察报告(2015)》,广东教育出版社 2016 年版。

2. [美] 罗斯科·庞德:《法理学》(第 1 卷),邓正来译,中国政法大学出版 2004 年版。

3. [美] E. 博登海默:《法理学:法律哲学与法律方法》,邓正来译,中国政法大学出版社 2004 年版。

4. 中共中央文献研究室编:《习近平关于全面依法治国论述摘编》,中央文献出版社 2015 年版。

5. 周旺生:《立法学教程》,北京大学出版社 2006 年版。

6. 喻泽芳:《〈韶关市制定地方性法规条例〉导读与释义》,中国政法大学出版社 2017 年版。

7. 李林:《立法理论与制度》,中国法制出版社 2005 年版。

8. [德] 伯恩·魏德士:《法理学》,丁小春、吴越译,法律出版社 2003 年版。

9. 张根大:《法律效力论》法律出版社 1999 年版。

10. 张文显主编:《法理学》法律出版社出版 2007 年版。

11. 阮荣祥主编:《地方立法的理论与实践》,社会科学文献出版社 2008 年版。

12. 孙国华、朱景文主编:《法理学》(第 4 版),中华人民大学出版社 2015 年版。

13. [美] 哈罗德·伯曼编:《美国法律讲话》,陈若桓译,生活·读书·新知三联书店 1988 年版。

14. [美] 弗里德里克·肖尔:《像法律人那样思考——法律推理新论》,雷磊译,中国法制出版社 2016 年版。

15. 邓治凡主编:《汉语同韵大词典》,崇文书局 2010 年版。

16. 《中国百科大辞典》编委会编：《中国百科大辞典》，华夏出版社 1990 年版。

17. 吴山主编：《中国工艺美术大辞典》，江苏美术出版社 1989 年版。

18. 周珂主编：《环境与资源保护法》（第 3 版），中国人民大学出版社 2007 年版。

19. ［爱尔兰］约翰·莫里斯·凯利：《西方法律思想简史》，王笑红译，法律出版社 2002 年版。

20. 杜国胜：《〈韶关市烟花爆竹燃放安全管理条例〉导读与释义》，中国政法大学出版社 2017 年版。

二、论文类

1. 于浩："森林法修订草案首审，'一补一惩'受关注"，载《中国人大》2019 年第 14 期。

2. 李仲秋、王明玉、赵凤君："近年来世界森林大火概述"，载《森林防火》2015 年第 1 期。

3. 孙丽娜等："秸秆的微生物处理处置及强化技术研究进展"，载《沈阳大学学报（自然科学版）》2018 年第 3 期。

4. 马竞遥："设区的市地方立法权限的实践问题"，载《地方立法研究》2019 年第 5 期。

5. 冯娴慧、张俐俐："韶关市旅游资源系统整合与深度开发的构想"，载《华南理工大学学报（社会科学版）》2008 年第 1 期。

6. 李小萍："对设区市立法权限之'城乡建设与管理'的界定"，载《法学论坛》2017 年第 3 期。

7. 涂青林："论地方立法的地方特色原则——以立法法修改后广东立法为例"，载《地方立法研究》2017 年第 6 期。

8. 郑清贤："设区的市增强地方立法特色研究"，载《地方立法研究》2017 年第 6 期。

9. 屈茂辉："我国上位法与下位法内容相关性实证分析"，载《中国法学》2014 年第 2 期。

10. 彭振："设区的市立法抵触问题研究"，载《河北法学》2019 年第 7 期。

11. 牛振宇："地方立法创新空间探析——以'不抵触'原则的解读为视角"，载《地方立法研究》2017 年第 6 期。

12. 余俊："从长三角湖泊保护立法看地方性法规的起草技术"，载《地方立法研究》

2019 年第 2 期。

13. 汪全胜、张鹏："法的总则中的'法的效力'条款设置论析"，载《理论学刊》2013 年第 2 期。

14. 丁祖年："试论省级人大常委会对较大市地方性法规的批准权"，载《法学评论》1990 年第 6 期。

15. 陈源婷："论设区的市地方性法规与省级地方性法规的效力及其适用"，载《贵阳市委党校学报》2016 年第 5 期。

16. 范梅芝："中国行政责任制度的再思考"，载《改革与开放》2009 年第 12 期。

17. 冯威："关于地方立法中'主管机关'条款的思考"，载鲁粤地方立法学研究会2018 年年会《新时代地方立法的创新与发展论文集》。

18. 张莹："对我国街道办事处社会管理职能定位的思考"，载《中小企业管理与科技（中旬刊）》2019 年第 5 期。

19. 李渡、汪鑫："论村民委员会'依法行权'的现实困境与治理路径——析'村治'法治化与乡村振兴战略互动共维关系"，载《山东社会科学》2019 年第 7 期。

20. 李克杰："论我国设区的市地方立法的制约体系"，载鲁粤地方立法学研究会 2018年年会《新时代地方立法的创新与发展论文集》。

21. 黄良林："设区的市政府规章权利减损规范的设定"，载《地方立法研究》2018 年第 2 期。

22. 邸显鹏："农作物秸秆焚烧的原因和对策分析"，载《现代农业研究》2017 年第 12 期。

23. 周国卿："秸秆焚烧的原因分析及建议"，载《农机使用与维修》2015 年第 9 期。

24. 毕于运等："我国秸秆焚烧的现状危害与禁烧管理对策"，载《安徽农业科学》2009 年 27 期 。

25. 李志雄、张缘子、许文昆："布朗山最后的刀耕火种"，载《文明》2007 年第 12 期。

26. 王树昌、吕勇、于晓玲："杂草的价值及防控技术研究进展"，载《安徽农业科学》2010 年第 8 期。

27. 张鸣起："《中华人民共和国民法总则》的制定"，载《中国法学》2017 年第 2 期。

28. 巫升平："秸秆废弃物的处理及综合利用"，载《四川农业与农机》2017 年第 4 期。

29. 王芳："复合化学方法对玉米秸秆的处理效果研究"，载《安徽农业科学》2018 年第 36 期。

30. 黄喆："地方立法设定行政处罚的权限困境与出路"，载《政治与法律》2019 年第 7 期。

31. 杨解君、蒋都都："《行政处罚法》面临的挑战与新发展——特别行政领域行政处罚应用的分析"，载《行政法学研究》2017 年第 3 期。

32. 卢护锋："设区的市立法的精准化路径：基于立法选题的思考"，载《政治与法律》2019 年第 3 期。

三、网上资料

1. http://club. qingdaonews. com/showAnnounce_ 173_ 3867493_ 1_ 0. htm.

2. http://info. fire. hc360. com/zt/forest/index. shtml.

3. 韶关市林业局 http://lyj. sg. gov. cn/lygk/201709/t20170907_ 286947. html.

4. "2017 韶关市旅游工作情况汇报的说明文件——韶关市资源概况"，载 http://www. doc88. com/p-7734946305492. html.

5. "韶关创建国家森林城市建设总体规划顺利通过国家级专家评审"，载 http://www. gd. chinanews. com .

6. "凉山扑火队员讲述爆燃瞬间：被迫跳向对面山崖求生"，https://mini. eastday. com/a/n190402092245513. html.

7. 中国林业网 http://www. forestry. gov. cn/.

8. 中国政府网 http://yjgl. gd. gov. cn/jg/zssydw/content/post_ 2589148. html.

9. 人民网 http://politics. people. com. cn/n1/2019/1028/c1001-31422612. html.

10. "焚烧杂草不注意引发火灾毁山林"，载 http://www. sohu. com/a/49613151_ 180373.

后　记

　　《韶关市地方性法规导读与释义》丛书，是韶关市人大常委会会同市人大常委会立法工作者、法律实务工作者以及韶关学院政法学院的专家学者共同编撰的系列丛书。

　　自 2015 年 5 月韶关市获得设区市地方立法权以来，韶关市人大常委会根据韶关市地方经济与社会发展的需要，制定出一系列地方性法规，在地方立法方面取得了可喜的成就。随着经济与社会的发展，韶关市人大常委会根据韶关市发展的实际情况，将陆续出台新的地方性法规。大量地方性法规的出台，虽然能解决地方立法层面的问题，但是在这些地方性法规实施过程中，会遇到对法规内容的理解和把握问题。为了更好地促进执法者、司法者和守法者准确理解法规的具体内容，达到公正执法、正确用法和严格守法的目的，在韶关市人大常委会领导和组织下，将会同法律方面专家学者陆续撰写《韶关市地方性法规导读与释义》系列丛书，并将一一出版。

　　《〈韶关市野外用火管理条例〉导读与释义》一书，即为该系列丛书中一本。由于时间紧迫、水平有限，书中难免有不足之处，敬请读者批评指正。

编　者

2019 年 9 月